.

正道艰难

新居住时代的进化逻辑与制胜心法

冯韵洁○著

团结出版社
UNITY PRESS

图书在版编目（CIP）数据

正道艰难：新居住时代的进化逻辑与制胜心法 / 冯韵洁著 . -- 北京：团结出版社，2024.3
ISBN 978-7-5234-0692-2

Ⅰ . ①正… Ⅱ . ①冯… Ⅲ . ①房地产企业—企业管理—概况—中国 Ⅳ . ① F299.233.4

中国国家版本馆 CIP 数据核字 (2024) 第 240636 号

出　　版：团结出版社
　　　　　（北京市东城区东皇城根南街84号　邮编：100006）
电　　话：（010）65228880 65244790
网　　址：http://www.tjpress.com
E-mail：zb65244790@vip.163.com
经　　销：全国新华书店
印　　装：三河市龙大印装有限公司

开　　本：145mm×210mm　　32开
印　　张：6.75
字　　数：200千字
版　　次：2024年3月第1版
印　　次：2024年3月第1次印刷

书　　号：978-7-5234-0692-2
定　　价：59.00元

为标杆企业立传塑魂

在我们一生中，总会遇到那么一个人，用自己的智慧之光、精神之光，点亮我们的人生之路。

我从事企业传记写作、出版 15 年，采访过几百位企业家，每次访谈我通常会问两个问题："你受谁的影响最大？哪本书令你受益匪浅？"

绝大多数企业家给出的答案，都是某个著名企业家或企业传记作品令他终身受益，改变命运。

商业改变世界，传记启迪人生。可以说，企业家都深受前辈企业家传记的影响，他们以偶像为标杆，完成自我认知、自我突破、自我进化，在对标中寻找坐标，在蜕变中加速成长。

人们常说，选择比努力更重要，而选择正确与否取决于认知。决定人生命运的关键选择就那么几次，大多数人不具备做出关键抉择的正确认知，然后要花很多年为当初的错误决定买单。对于创业者、管理者来说，阅读成功企业家传记是形成方法论、构建学习力、完成认知跃迁的最佳捷径，越早越好。

无论个人还是企业，不同的个体、组织有不同的基因和命运。对于个人来说，要有思想、灵魂，才能活得明白，获得成功。对于企业而言，要有愿景、使命、价值观，才能做大做强，基业长青。

世间万物，皆有"灵魂"。每个企业诞生时都有初心和梦想，但发展壮大以后就容易被忽视。

企业的灵魂人物是创始人，他给企业创造的最大财富是企业家精神。

管理的核心是管理愿景、使命、价值观，我们通常概括为企业文化。

有远见的企业家重视"灵魂"，其中效率最高、成本最低的方式是写作企业家传记和企业史。企业家传记可以重塑企业家精神，企业史可以提炼企业文化。以史为鉴，回顾和总结历史，是为了创造新的历史。

"立德、立功、立言"，这是儒家追求，也是人生大道。

在过去10余年间，我所创办的润商文化秉承"以史明道，以道润商"的使命，汇聚一大批专家学者、财经作家、媒体精英，专注于企业传记定制出版和传播服务，为标杆企业立传塑魂。我们为华润、招商局、通用技术、美的、阿里巴巴、用友、卓尔、光威等数十家著名企业提供企业史、企业家传记的创作与出版定制服务。我们还策划出版了全球商业史系列、世界财富家族系列、中国著名企业家传记系列等100多部具有影响力的图书作品，畅销中国（含港澳台地区）及日本、韩国等海外市场，堪称最了解中国本土企业实践和理论体系、精神文化的知识服务机构之一。

出于重塑企业家精神、构建商业文明的专业精神和时代使命，2019年初，润商文化与团结出版社、曙光书阁强强联手，共同启动中国标杆企业和优秀企业家的学术研究和出版工程。三年来，为了持续打造高标准、高品质的精品图书，我们邀请业内知名财经作家组建创作团队，进行专题研究和写作，陆续出版了任正非、段永平、马云、雷军、董明珠、王兴、王卫、杜国楹等著名企业家的20多部传记、经管类图书，面世以后深受读者欢迎，一版再版。

今后，我们将继续推出一大批代表新技术、新产业、新业态和新模式的标杆企业的传记作品，通过对创业、发展与转型路径的叙述、梳理与总结，为读者拆解企业家的成事密码，提供精神养分与奋斗能量。当然，我们还会聚焦更多优秀企业家，为企业家立言，为企业立命，为中国商业立标杆。

一直以来，我们致力于为有思想的企业提升价值，为有价值的企业传播思想。作为中国商业观察者、记录者、传播者，我们将聚焦于更多标杆企业、行业龙头、区域领导品牌、高成长型创新公司等有价值的企业，重塑企业家精神，传播企业品牌价值，推动中国商业进步。

通过对标杆企业和优秀企业家的研究创作和出版工程，我们意在为更多企业家、创业者、管理者提供前行的智慧和力量，为读者在喧嚣浮华的时代打开一扇希望之窗：

在这个美好时代，每个人都可以通过奋斗和努力，成为想成为的那个自己。

企业史作家、企业家传记策划人、主编

陈润

推荐序

把成功与失败进行淋漓尽致的总结

在总结任正非成功经验的时候，人们发现了这四句话：行万里路，读万卷书，与万人谈，做一件事。所谓的"与万人谈"，就是任正非阅读大量世界上成功企业的发展历史的书籍。他一有机会就与这些公司的董事长、总经理当面进行交流请教，并把这些成功的经验用于华为的运营，这就使得华为也成为一个成功的企业。

在过去的十余年间，润商文化长期致力于系统研究中外成功的企业家，汇集了一大批专业人士创作关于成功企业家的传记——著名企业家传记丛书。这是一件非常有意义的事情，这让"与万人谈"成为一件很容易的事。同时，这使得大家都能够从中了解到——这些企业家为什么成功？自己能从中学到什么？

因此，我觉得润商文化的这项工作是功德无量的。这些成功的企业家，就是中国经济史上一个个值得称颂的榜样。

湖北省统计局原副局长

民进中央特约研究员

叶青

序 言

你还记得你当初许下的梦想吗？你每天在做的事是在无限接近它吗？

——左晖

一个企业能够为社会提供怎样的价值？

左晖一生都在不断追问这个问题。抱着实现"美好居住"的信念，他带领链家在"住"的领域深耕二十载，最终成为中国居住服务领域的破局者，成为服务行业创业标杆。他相信信任的价值，以安全可靠的服务品质建立链家"护城河"；坚持做"难而正确的事"，带领链家开启标准化、规范化的自我革新；相信技术的力量，以平台化战略构建面向未来的行业模式；坚持"长期主义"，引领整个行业实现品质正循环。

一个人能够给其他人留下些什么？

关于左晖，我们最熟悉的或许还是链家醒目的绿色标志。低调内敛的他是务实者，将一生的能量都倾注在房地产经纪事业上，甚至在生命的最后几年，在与疾病斗争的日子里，仍在持续推动"贝壳"的诞生。同时，他也是思考者，散布在互联网碎片中的点点话语记载着独特的"左式哲思"。它们承载着左晖颇具风格的管理方式、企业理念，如同一道前行的光，激励着无数在破局之路上的人。

一本小书能够给大家带来什么？

本书以时间为线索，运用大量生动的多方资料描绘左晖传奇的一生，展现了他冷峻理性的背后，敏锐的商业洞察与选择，以及当代企业家的担当与温度。希望借此书向中国居住行业的变革者左晖先生致敬，也希望更多追梦者能够在本书中获得启发与鼓励！

目　录

第一章

并非传奇的开始

　　每当有人问起左晖的童年，左晖总会腼腆一笑，称自己是个很简单的人没什么可说的。可就在这份简单里，蕴含着单纯而持久的向上生命力。"我不认为战斗力是亮出獠牙，真正的战斗力是发自内心的，从内心生长出来的。"在这个沉默寡言的普通生背后，一场精彩的自我生长旅程正徐徐展开……

沉默的普通生

1971 年 1 月，左晖出生于陕西省渭南市临渭区的一个军区大院。

他成长于我国十年内乱与改革开放的交界时期。随着改革开放一声炮响，开拓创新、敢为人先成为激荡人心的时代主旋律，市场如初醒的春日般处处萌发着新的机遇。正因经历过从至暗时刻到希望曙光的历史转折，左晖的骨子里带着一股持续奋斗的坚韧毅力，以及对社会发展趋势的敏锐嗅觉。这样的精神与洞察力，使他成了一代行业生态变革者的典范。

左晖出生在一个知识分子家庭，父亲是陕西省地矿局的工程师，母亲在化验室工作，姐姐是北京大学的高才生。1992 年，左晖的父母随他的姐姐移居加拿大。同年，左晖踏上了自己的北漂之路[1]。

作为一个疯玩着长大的西北娃，小时候的左晖一直处于散养状态。由于父母都是科研工作者，平时工作繁忙，很少有时间去关爱、陪伴他。所以，左晖对父母的印象是极其有限的。回忆童年，左晖表示："别的小朋友羡慕我自由，我却很想要父母管我，多给我一些关爱。"

或许正是家庭氛围的缘故，左晖从小性格内敛腼腆，熟悉他的人

---

[1] 央视财经频道：《遇见大咖》，央视网，2021-04-03，https://tv.cctv.com/2021/04/03/VIDEvDw2ZqCeYYZ54EPBUd3W210403.shtml。

多评价其低调、话不多。"聪明，话少，喜欢足球，同学关系好"，这是左晖在瑞泉中学英语老师对他的印象。尽管继承着父母的良好"学习"基因，左晖从小成绩一直不错，长大后也顺利考上了一所好大学——北京化工学院[1]。但除了学习值得夸赞外，小时候的他并没有表现出其他突出的天赋，加之他含蓄内敛的性格，其内心并不是很自信。

有一次，左晖的中学同班同学在链家买房，不知"左总"为何人，直到后来在网上偶然看到照片才发现，原来店员口中的"左总"竟是自己昔日的老同学[2]。实际上，当时的左晖早已是身价千亿的企业家。的确，在创办链家和贝壳之后，左晖依旧极少接受媒体采访，也鲜少在公众场合发表观点。因此，在很多人眼中，他一直保持着神秘谦逊的形象，像是一位"商界隐士"。

如果说内敛是左晖从小到大的底色，那么还有一点一直未变，就是这个沉默的普通生内心时常跳动的好奇与干劲。

中学期间，少年左晖在学校的电脑教室里第一次见到 Apple Ⅱ[3]，这是他与计算机的初次邂逅。那时，电脑在中国还只是少数人能接触到的高科技玩意儿，动辄上万元人民币，相当于普通职工几年的工资。面对闪着科幻绿光的显示屏，左晖第一次在键盘上敲下一串程序，屏幕上瞬间跳出了数字"7"，这让他既欣喜又兴奋。兴趣驱使之下，左晖在 1988 年高考填报志愿时，果断选择了当时尚处萌芽状态

---

[1] 北京化工大学前身，1994 年正式改名为"北京化工大学"。

[2] 铁啸：《左晖渭南往事：上学时性格内向，同学链家买房不知"左总何许人也"父亲单位寻其旧事未果》，开屏新闻网，2021-05-21，https://www.ccwb.cn/web/info/20210521233102OO6ZZC.html。

[3] Apple Ⅱ 系列是美国苹果公司发布的一个系列普及型的电子计算机。

的专业——计算机及应用[1]。

1990年前后，我国计算机行业刚刚起步，大多数人没有机会接触电脑，计算机及其相关专业在当时并不热门。与之相较，在我国一系列外贸体制改革、外汇体制改革和启动入世谈判的时代大背景之下，会计、外贸和外语专业相当受青睐。

左晖自小在渭南长大，深受黄河文化滋养。地处黄河中游的渭南素有"三秦要道，八省通衢"之称，是中原地区通往陕西乃至大西北的咽喉要道，丝绸之路经济带起点段的关键组成部分。自1984年撤县设市起，在"强农重工"的发展战略下，渭南逐步成为我国农业生产基地和能源重化工的重要基地之一。因此，左晖早年亦追随化工产业发展的脚步，多次参与到其建设当中。渭南历史文化悠久，不仅是"四圣故乡"，更是现代红色革命者的早期活动重要地区之一。在如此深厚的华夏文化发源地成长起来的人们，自然也有着坚忍不拔、务实肯干的底色。

每当有人问起左晖的童年，左晖总会腼腆一笑，称自己是个很简单的人没什么可说的。可就在这份简单里，蕴含着单纯而持久的向上生命力。"我不认为战斗力是亮出獠牙，真正的战斗力是发自内心的，从内心生长出来的。"在这个沉默寡言的普通生背后，一场精彩的自我生长旅程正徐徐展开……

---

[1] 郭菲菲：《告别左晖：中介投资，行业标杆，一个好人》，2021-05-21，https://www.thepaper.cn/newsDetail_forward_12783569。

当机立断做"北漂"

1992 年春，邓小平同志坐上了开往武昌的列车，正式开启我国推进改革开放和现代化建设的南方视察之旅。一句句振聋发聩的话语，如春雷滚滚，响彻全国。在改革的春风中，每个人的脸上都洋溢着期待与憧憬，躁动又兴奋。

这一年，21 岁的左晖从北京化工学院毕业。和当年的众多大学毕业生一样，左晖怀揣着干出一番事业的创劲，踏上了令人向往的"北漂"之旅。

"北漂"的第一步，是要先留在北京，可留在北京又谈何容易。当时的人才市场正处于从计划分配到自主择业的过渡阶段，各高校在毕业生就业分配中仍然承担着主导作用。只有各方面都优秀的学生才有资格留京，而京外生源毕业生留京比例一般不到 10%[1]。当然，对于意志坚定的左晖来说，一旦认定一个目标，不管过程有多艰难，他都会一丝不苟地向前迈进。

"功夫不负有心人"，左晖最终拿到了北京郊区一家化工厂做技术员的分配名额。然而，接下来三个月重复枯燥的工作却让左晖逐渐发

---

[1] 甘北林：《大学生从统一分配走向自主择业——北京高校毕业生分配工作走势分析》，时代潮，1996-10-13。

现，"那里不是我的舞台"。在与真正城区相距甚远的京郊，左晖不甘，寒窗苦读十余载，毕业后期盼着艰苦奋斗而后一展身手，不能就如此荒废磨灭了理想。于是，这个西北汉子果断裸辞了。

"抓住时机，发展自己"，邓小平同志在南方视察中敦促大家，看准了就要"大胆地试、大胆地闯"。也许正是在这样的理念激励下，左晖来到了当年的计算机圣地——北京市新技术产业开发试验区，即中关村科技园的前身。

不同于现在的高楼林立，"电子一条街"是九十年代的国人中心，中关村曾经的代名词。当时，互联网还处在萌芽期，如何让中国与世界互联网接轨是大家最关注的问题。一批批科研人员"下海"至此，怀揣着把科研成果转化为产品的坚定信念，建立技术企业。其中，最出名的当数四海市场，从各式电脑零件到软件服务无所不有，其位置大概在今天中关村一桥到海淀桥附近。这里坐落着当时中关村规模最大的四家电子公司——四通、信通、科海和京海公司，简称"两通两海"，它们生产着中国的第一批汉卡、汉字打印机等[1]。

在"全民攒机"年代，中关村作为中国最大的电子产品零售市场，它的每一个变迁都见证着我国电子信息产业的发展。当时，中关村已成为中国最具活力的创新与创业中心。在这里，怀揣梦想的年轻人相继上演着八九十年代那些风起云涌的传奇故事。

北京的九月，风温和而轻快。刚从化工厂辞职的左晖兴致勃勃地来到中关村，他背着行囊、抬头仰望，期待着计算机专业的自己能够

---

[1] 经济日报：《"中国硅谷"诞生记》，2018-11-28，https://mp.weixin.qq.com/s?__biz=MjM5NjEyMzYxMg==&mid=2657418710&idx=1&sn=fd75d954eac507e88eaf91307892292d&chksm=bd7e5b658a09d273d6eed6bedea3882e2258c7678003de5cb424ae946fe0be8e1e7e0fb8c569&scene=27。

在这汹涌火热的创业浪潮中找到自己的一席之地。在踏入中关村大门的那一刻，他也正式成为了奋力一闯的"北漂"青年。

不善言辞的销售员

1992 年初秋，左晖来到一家外资软件公司。专业对口的他本以为到了软件公司能够承担程序设计的工作，谁料因为没有工作经验，他被安排到客服岗位，每天负责收集客户的反馈。

二十世纪九十年代的中关村软件园虽是科技创新基地，但只要去过的人都清楚，这个每天都有小公司生死的大卖场可谓十分杂乱。迷宫般的小巷之间，穿梭着源源不断的商家和顾客。左晖名义上是客服，但可不像现在的客服人员起码有自己的工位。那时的左晖被安排在一两平方米大的柜台里，面对桌子上随时会响起的几台电话机，他要做的就是不断地接起、挂断、再接起、再挂断。

这对于不善言辞的左晖来说，着实不是件容易的事儿。刚接进一个电话，还没来得及说"您好"，另一个电话又毫不客气地响起，紧接着传来的便是客户怒气冲冲地质问。他后来回忆，"那段时间，整天耳朵里都是嗡嗡作响的声音，脑子里常常一片空白"。这样的工作状态，每天要持续 11 个小时，而左晖一做就是三年[1]。

本期盼着三年的苦熬能够带来一些别样的洞见和质变，但偏偏又

---

[1] 辰哥：《行走在时代进程中的左晖》，升辰财经，2021-05-21，https://baijiahao.baidu.com/s?id=1700360903732623060&wfr=spider&for=pc。

事与愿违，左晖的业绩一直没有起色。一项产品或服务如果本身出了问题，处于末端的客户反馈又未能被重视和采纳，投诉便只能如倾泻而出的废弃物，隐匿在无人关注的角落。这种无力与彷徨让左晖倍感苦闷，他回望自己毕业后的这几年，每天在这柜台前兢兢业业却仍未找到属于自己的方向，更别提当年所想的开创一番事业。

"行就干，不行就换"，心有不甘的左晖决意重新开始。于是，他跳槽到另一家软件公司做市场销售，并暗下决心，要铆足全力给自己来一场漂亮的翻身仗。

为了准备出一份令自己满意的产品销售材料，左晖没日没夜地各处搜集资料，力求达到完美。连续三个多月，他没有休息过一天，内心似乎总有一股力量在驱使着他，不能辜负自己，总有一天会苦尽甘来。之前做客服经历让他深知，最好的营销就是好的服务，当时他能想到的便是不断打磨的销售材料。于是，为了快速成长，每次项目一完成，左晖都会拿同行的资料进行对比，寻找自己的差距。"可以毫不自夸地讲，半年以后我们的相关销售材料就是最好的，客观而翔实。"

可是，一份好的资料对于市场销售而言，意味着什么呢？

24 岁的左晖以为，凭着一份漂亮的宣传资料就能取得出色的市场效果，但现实往往更加残酷。在当时的环境下做市场销售，不仅需要优秀的素材与工具，更重要的是通过出色的沟通、应酬能力维系良好的客户关系，而这恰好是左晖的软肋。因此，三个月的苦拼并没有换来漂亮的逆袭，相反，平平的业绩仿佛成为一面南墙，愈发地坚不可摧。

或许是上天一次又一次在给他提醒，四处碰壁的左晖终于想明白："一个人在自己并不擅长的专业里做事情，他永远不可能迸发出最大的潜质。面对众多职业选择，弄清楚自己不适合做什么后就不要继续浪费时间。做事情，最重要的是发挥自己的长处。"互联网的战场拼的是智商与信息红利，这里人才济济，生死全凭手艺。发现这一点之后，左晖退出了。从此，左晖就成了"战略家左晖""猎手左晖"。同时，相对于关系的运营，左晖对 IT 系统和数据库有着天生的敏感和偏好，他的长处在于通过收集信息以降低工作中的不确定性——这是第一次，他真正看清了自己。

"认识你自己"，希腊德尔斐神殿上的箴言劝勉世人。回想毕业之初的三年，左晖并不认为是荒废，相反，通过一次又一次的尝试，他对于自己的长处和短处有了更深的理解。此后，他的人生就像开挂了一般。

人生第一桶金

1995 年 11 月 19 日晚，北京市永定门旁的先农体育场一片欢腾。

这是甲 A 联赛的最后一轮，北京国安坐镇主场迎战广东宏远。虽已至深秋，温度只有七八摄氏度，但紧张热烈的气氛却宛若盛夏。现场球迷座无虚席，火药味十足。最终，主队以 3:1 大比分获胜。终场哨声响起的那一刻，全场沸腾，欢呼声化作片片报纸撕成的雪花漫天飞扬，足足飘了五秒钟，成为许多球迷至今仍铭记的经典画面。那时候打火机还可以带到观众席，手机尚未普及，比赛结束大家纷纷打开打火机，点点火光宛若一颗颗热烈跳动的心，汹涌澎湃[1]。

左晖正是这炽热火光中的一员，他与同行的两位大学同学都被这份拼搏与欢腾深深感染。散场后，他们回想起当年卧谈会所立下的"25 岁就出来单干"的志愿。正值奋斗的年纪，此时不闯更待何时？于是，三人分别从原公司辞职，每人拿出 5 万块钱创立新公司，左晖自告奋勇担任总经理，三人一起做财产保险代理，创办了北京天持商贸中心。

当然，左晖进军保险代理行业绝非一时兴起。

1995 年 6 月 30 日，国家颁布第一代《中华人民共和国保险法》，

---

[1] 企业生意经：《左晖是如何思考的？》，知乎，2021-05-26，https://zhuanlan.zhihu.com/p/375338937。

同年 10 月 1 日正式实施，并在上海、北京、广州开放保险业试点。在此之前，中国的保险立法基本上是一些单行的强制保险条例，无统一的保险立法，也无专门的保险合同法、保险业法，保险法制建设非常薄弱。新的《保险法》对保险代理人的发展作了明确的规定，随着兼业代理和个人代理制度在国内保险市场的快速发展，我国保险行业进入快速发展阶段。

彼时，中国的保险代理行业门槛较低，操作不太规范，利润却出奇的高。商业嗅觉敏锐的左晖做了一番考察，得到了这个行业非常适合他们这种没有什么资金、也没有经验的人的结论。后来，这也成了"左晖式创业"独特路径：一是有政策窗口期，二是从业人员素质要求不高。

然而，立志单干的三人起步就遇到了困难。保险代理行业虽然充满了机遇，但他们兄弟三人对保险行业完全不了解，甚至连"保险产品消费者"都不是。

心思细密的左晖发现，保险业的入门之道或许就在保险法律条款之中，那些合同、条款都是保险、法律专家们的精心设计，字里行间里透露着保险人的逻辑与巧思。于是，每天下班后，左晖匆匆吃过盒饭，沏上茶开始研读平安、人保、太平洋等几大保险公司浩繁的理赔条款细则，将其中的细节一个个挑出来仔细比对研究。密密麻麻的条文中隐藏着关键的有用信息，这正是左晖要找的。为了不让自己犯困，他大声朗读出来。虽然这种"抠字"式的研究枯燥乏味，但左晖认为："这是必经的过程。事实也证明，正是由于我们比别人更了解行业、了解对手，才打了胜仗。"通过这种"结硬寨""打呆仗"的方法，他对业务的理解很快就远远超过了同行[1]。

---

[1] 何伊凡：《一个长期主义者的底层逻辑》，盒饭财经，2020-08-17，https://baijiahao.baidu.com/s?id=1675243135910177576&wfr=spider&for=pc。

除了提升自身认知，左晖发现，更棘手的问题是培训员工。保险代理不是一个"独自闪耀"的事业，需要很多员工共同努力。如何把专业性传达给员工，做好对他们的培训，成为左晖这个新管理者操心的第二个问题。

那时候的左晖恨不得一天当成两天用，晚上下班后学习保险业务，第二天上班前把内容总结提炼，在黑板前给员工上培训课。后来，鼎晖投资的创始合伙人胡晓玲回忆，左晖给链家的高管开会时，在黑板上用一个公示把整个二手房交易模式里面的细节，包括各个利益相关主体都画得清清楚楚，"这绝对是高智商人才能完成的"。殊不知，这种苦下身段、狠抓细节的执行能力正是在左晖初创保险代理公司之时就养成的本事。

通过不懈努力，这家白手起家的小公司一度在北京几百家同行之中占据了 3% 的市场份额，仅用 5 年时间，就赚到了 500 万。当然，这次创业给左晖带来的不仅仅是财富的积累，更是树立创业必须坚持的信心和信念的收获。在保险行业的风口，他以认真钻研的"抠细节"精神和对员工培训的重视，使得业绩远远超过当时大部分的保险代理公司，之后在链家的创办过程中，左晖也延续了这种思维。

2000 年，保险代理行业的肆意生长面临重大转折。这一年，国家出台一系列政策开始对保险行业进行整顿。在保监会"建立公正、合理、平等的保险市场竞争新秩序"之前，左晖撤出了保险代理市场——一个规范的行业不太适合创业，这也使他顺利地从保险行业脱身。

从京郊的工厂到中关村的柜台，昔日的点滴如同离散的辛酸，可仔细琢磨却又环环相扣。那个时候，左晖经常哼唱一句歌词：人生没有白走的路，每走一步都算数。带着初创企业所积累的资金与信心，一场更加精彩的旅程即将拉开帷幕。

第二章

投身房产经纪，创办链家

深受黑中介之苦的左晖，在时代与个人困境的交织中找到了自己的使命，注意到了这个行业。与行业弊病斗争、解决这种信息不对称。于是，带着从保险行业收获的"第一桶金"，发扬细扣保险条款的精神，他一头扎进房地产交易行业，一边深挖国内行业现状、寻找破局之道，一边对标全球典型案例、评估市场潜力。

困境之中见商机

2000 年，在国家住房制度改革的推动下，居民购房热情高涨，房地产企业亦如雨后春笋般涌现，中国房地产事业迎来十年黄金时代。

这一年，左晖刚刚从保险行业退出，手上虽有一定资金，却依旧无法在北京买下自己的一套房。面对"而立之年、没房没车"的窘况，眼看身边同龄人大多成家立业，步入人生的新阶段，作为北漂一族的他，却仍辗转在十余次租房与换房的折腾之中，不免心生焦虑。其中，最难的莫过于换房。左晖回忆，当时的他只能从报纸、电线杆上去寻找房源信息，光是看房子就花了一个月。"买卖双方都是两眼一抹黑，没有任何一个购房服务平台可以依赖。"搬家的行李随次数增加变得愈发沉重，亦如左晖即将面对 30 岁自我盘点的心情，是时间如期而至的平稳之下内心暗流涌动的无奈。

时代的车轮滚滚向前，驻足回溯，变局的开端要从 1998 年房改说起。那一年，亚洲金融危机席卷而来，中国尽管没有受到危机的直接冲击，但面临着内需不足、消费不旺的局面。为了保证经济增长目标，拉动内需成为当时经济工作中的迫切任务。

在此时代背景下，房改方案应运而生。1998 年 7 月 3 日，国务院正式发布《关于进一步深化城镇住房制度改革加快住房建设的通知》，决定自当年起停止住房实物分配，建立住房分配货币化，住房供给商品化社会化的住房新体制。这意味着实施近 50 年的福利分房制度正式画上句号，中国房地产行业正式进入市场化的时代。

在"一年过渡期"双轨制之下，住房制度四轮改革逐步开启。第一轮分配制度改革，将过去的住房实物分配转变为货币分配；第二轮供给制度改革，将过去由国家、企业供应转变为不同收入家庭采用不同住房供应制度，低收入家庭提供廉租房，中低收入家庭提供经济适用房，中高收入家庭提供商品房；第三轮市场制度改革，将二手房市场开放，房地产市场的各个环节全面启动；第四轮房地产金融体制改革，发展房地产金融，特别是个人住房抵押贷款，使中国的住房制度发生了质的变化。[1]

那是充满机遇与信息不对等的时代，一面是井喷式的需求，一面是不透明的供给。随着个人购房比例大幅度提升，新房建设和二手房交易活跃起来，房地产中介应势崛起。但与此同时，房产交易信息严重不对称，可靠的购房服务平台空缺的问题也愈发突出。不少中介利用这一点收获颇丰，吸引大量淘金者涌入，进一步加深这一行业发展的扭曲与不平衡。

深受黑中介之苦的左晖，在时代与个人困境的交织中找到了自己的使命，注意到了这个行业。与行业弊病斗争、解决这种信息不对称。于是，带着从保险行业收获的"第一桶金"，发扬细扣保险条款的精神，他一头扎进房地产交易行业，一边深挖国内行业现状、寻找破局之道，一边对标全球典型案例、评估市场潜力。

作为新人，左晖一边向行业里的"前辈们"取经，一边做市场调研。彼时，"吃差价"与"行纪"正是房地产中介的业内主流，前者靠出卖

---

[1] 顾云昌：《我亲历的"98 房改方案"制定过程》，中国经济周刊 2019 年 144-145。

委托人利益获利，后者则催生了炒卖风险。因此，"资深中介"的建议无外乎虚增需求、吃差价的一套。"世界上的生意可以简单分为两种：一种是一开业就能吃三年，另一种是靠小单去积累的。"虽然当时不乏一单生意赚取几百万中介费的案例，但左晖判断，房地产中介的生意更主要靠小单积累，而上述技巧显然是"不可持续的"。于是，向"前辈"请教的取经之路意外成了左晖的信念修炼之旅，他对真实尤为在意，因为"虚假"曾是这个行业的附骨之疽。

当时的经验之谈缺乏可借鉴之处，于是，左晖转向更加可靠的市场调查。结果发现，当时北京二手房市场换手率不到 2%，而与北京经济水平相当的国外首都城市二手房市场换手率都在 10% 以上。美国城市约为 12%，中国香港和中国台湾有 10%，即便是国内南方城市也能达到 6%。与此同时，关于市民对房地产中介行业的信任程度，广州达到 90%，上海有 87% 左右，而北京却只有百分之十几。"可见，北京的行业发展水平肯定不高，但同时也说明，北京的房地产中介完全可能像上海、广州那样能够得到大多数人的认同。"在感性的个人经历与理性的调查结果相互印证下，左晖毅然选择了当时竞争还不算激烈的北京二手房市场，作为其踏入房地产交易蓝海的第一步。

回过头来思考，在生意选择上需要考虑什么因素？左晖以自己的亲身经历给出答案：

第一，看这个市场是否足够大、足够复杂。房地产中介行业就是这么一个大而复杂的行业，同时还在持续变化之中。相比风调雨顺的行业平稳期，左晖认为变动的市场更能凸显自身企业的价值，"市场好的时候，整个中介行业都在拼运气；但市场不好的时候，大家可能在拼品质、拼服务、拼能力"。

第二，看这个市场是对 C 端、B 端还是 G 端。深知自己不擅应酬的左晖，也坚定选择了强调细节和标准化的二手房市场，而非需要和开发商等各个环节打交道的一手房市场。"像我们做这个生意，这生意有千难万难，但最好的一点就是不用陪人喝酒。"就这样，左晖正式踏入房地产领域，一做便是 21 年。

当时的房地产市场刚刚起步，宛若一头初醒的巨兽，在强大的能量潜力之下野蛮生长。正值江湖一片草莽、群雄并起之际，左晖带着他独特的信条加入其中。或许当时他自己也没有意识到，日后的他将扬起客户利益的大旗，在这修罗场上开创出一条难而正确的路。

改变命运的房展会

2000 年 11 月 30 日，是左晖的人生转折点。

进入 21 世纪以来，国内房地产界最能引起媒体关注的话题莫过于"房展"。能够在较短时间内，把开发商和消费者集中到一起，进行面对面交流，这是房展会最大的优势，也是当时的环境下其他宣传方式无法企及的。因此，交易会承销商纷纷举办各式各样的房展会，在北京市，短短两个月便有 7 个房展争相推出。

在如此火爆的盛况之下，左晖也跃跃欲试。2000 年 8 月，他成立了北京链家房地产展览展示中心，决定以面向个人的交易服务为切入点，与《北京晚报》合作，在军事博物馆举办首届"个人购房房展会"。

北京房展圈里一直流传着"东有国贸、西有军博"的说法，然而，在链家第一次选址军博举办首届房展会的时候，情况并非如此。实际上，当时大部分房展都集中在城东国贸和国展："此前在军博办的展会效果都不好，开发商都不愿意去。眼看要到 11 月中旬，很多展位都是送着求人家收下，有的送都不要，因为展位费只不过是成本的一部分。"[1]

尽管办展地点不占优势，左晖另辟蹊径，努力寻找突围点。

---

[1] 佚名：《左晖：标准化扩张》，人民政协报 2005 年 2 月 18 日。

突围其一，"开媒体办展之先河，借他人之力造势"。左晖从主办单位入手，联合在北京拥有业界影响力的《北京晚报》共同举办房展，这一尝试为媒体参与主办北京房展之首例。事实证明，当地媒体的影响力与公信力能够有效招来参观者与购房人，使开发商参展卖房、扩大自己楼盘知名度等目的得以实现。自此以后，《北京晨报》《北京青年报》等地方媒体纷纷加入房展举办的浪潮中，而军博的"个购展"和国贸的"四季房展"也逐渐成为北京开发商和购房者最认可的两大房展品牌。

突围其二，"铺垫数场预热，打造特色服务"。为了吸引更多客户，在展会开幕之前，左晖组织链家员工每周举办一次免费购房知识讲座，共开办了十余场，同时制作购房手册现场免费派发，这些后期都逐渐发展为了军博房展的特色服务。左晖认为："个人购买和集团购买的最大区别就在于消费者和开发商是不平等的。个人购房者不知该如何维护自身的权益，老百姓非常需要得到与专业人士面对面进行交流的机会。"

突围其三，"制造差异定位，迎合主流需求"。与国贸房展以中高档项目为主的定位相比，左晖在展会中引进了更多经济适用房和中低价位项目，其中不少小户型项目和老年公寓项目更是迎合个人购房时代的真实需求。除此之外，尽管二级市场交易在当时整个北京房地产市场中占比不大，但由于二手房发展潜力可观，符合中低价位房屋的主流需求，因此也被请到了展会，登上了"大雅之堂"。在此酝酿之下，首届个人购房房展会蓄势待发。

2000年11月30日凌晨，左晖和工作人员在军博地下室为第二天的房展会忙活了整整一夜后，坐在军博门前的台阶上等待天亮。秋夜的风微凉，忐忑的左晖向同事感叹，"也不知道明年我们这公司还在不在"。

直到清晨的微光一点点亮起，庞大的人流从地铁涌出，人们从四面八方蜂拥而至，会场甚至一度失控，一夜未眠的左晖眼前一亮，一下子看到了市场的巨大潜力。据报道，当天参观人数达到了6万人次，成交 1356 套，成交金额达 9.2 亿元。其中，今典花园小户型当天签售32 套，成为展会明星。在展会现场，今典花园的销售总监被参展人流挤得东倒西歪对着电视台的镜头喊，"我们的展位已经被挤塌好几次啦"，可见现场市民购房热情之盛。此外，当时为参展者提供的《实用购房手册》也成为此次展会的抢手货，5 万本手册第一天就全部发完，成为展会一大亮点，之后被其他房展纷纷效仿[1]。

这一次军博房展让链家赔本赚了声吆喝。从 2001 年开始，链家每年定期在军博举办三次房展，成为北京最具影响力的房展品牌之一。

一个全新的时代就这样到来。经过这次房展会，左晖发现自己找到了一个足够宽足够长的赛道。2001 年 11 月，在首次个人购房房展会顺利举办的一周年之际，链家宝业房地产经纪有限公司成立。在链家"正史"中，这次传奇的房展会也成了链家的缘起。

与志同道合者一同坐在台阶上等待黎明，或许是无数理想者心底最纯真的记忆。"漫长的黑夜已经到来，朝阳还会远吗？"——致曾并肩的战友与一同畅想过的未来。

---

[1] 佚名：《左晖：标准化扩张》，《人民政协报》，2005 年 2 月 18 日。

甜水园的 1 号员工

2001 年 12 月 2 日，链家第一家门店——北京甜水园正式开业。

北京的东三环往东，在朝阳公园、团结湖公园和红领巾公园中间的有这么一个地界——甜水园。住在甜水园附近小区的有很多外地人，1998 年住房商品化后北京首批商品房交易，甜水园是当时朝阳区最热的片区之一。其中，北京最大的房地产中介公司之一"我爱我家"的第一家门店也开在这里。

实际上，链家当时还有一个总部门店在安贞，它作为店面年龄最长的门店，见证了链家的第一笔业务，但由于甜水园店的洽谈时间更早，因此后者成为官方认证链家的第一家门店。当时，门店楼下的地下室里有一家广告社，因业务规模扩大，急需找一个大一点的门店，于是直接找到了楼上的邻居链家。当时链家并没有线上系统，手里也没有房源，王晓斌四处奔波后，最终为这家广告社找到了理想的门店，这笔交易仅收取佣金 1280 元。

一单 1280 元的业务，是链家的起点。从最初的 2 家店、37 名员工，到 3 年后坐住了北京中介市场头把交椅的链家没有人再敢轻视。北京的市民们都知道了一家叫链家宝业的公司，只不过有一半人叫它链家，有一半人简称它宝业。后来，为了统一人们对链家的称呼，链家宝业更名为链家地产。这一年，左晖在孩子出生时就笑言，孩子上学后写作文一定会说，"我爸是北京最大的中介头子"。

入行之初，左晖和他的团队在学习房地产行业资讯的过程中不断调整创业方向。其中，有数据显示，从全球的理论数据看人均GDP超过8000美元后不动产新增投资额会下降，房地产消费市场会转为以存量住宅交易为主体。"但这只是当年创业时候的认知，在过去的20年里亲身见证还是另一番感受。"时间证明，二手房的选择是正确的。今天，从全国来看，二手房交易额已经迅速从1998年的不足百亿元扩大到如今的万亿元级别，率先进入存量时代的一线城市表现更为明显[1]。

甜水园店作为链家的第一个门店，见证着左晖在链家早期的一点一滴。作为一个严谨的理工男，左晖可谓将细节和犀利发挥到了极致。

"细节"就是"大事"，要提高自身服务能力，还是要从细节入手。早些年，左晖很喜欢对链家门店进行明察暗访，链家在北京有几家门店曾经多次被左晖"抓现行"。有一次，一家门店的客户正在谈事情，客户小孩把水打翻了，新来的员工还没来得及收拾，店外突然进来一个人说，受不了，赶紧收拾干净！那人只管说完就走了，新员工却懵了，过了好久有老员工才反应过来，说这人有点脸熟，然后翻开公司的画册一看，果然是左晖[2]。不仅在白天，左晖也经常大半夜溜达巡店，发现问题就给行政的同事打电话，为什么某个店的店招上灯不亮了？为什么有的店卷帘门上的电话那么小？为什么店里的花上还有一层浮土？行政的同事24小时待机，他说哪里有毛病，就马上去改。"事情

[1]中国房地产报社：《左晖的变与不变》，搜狐网2019-09-25，https://www.sohu.com/a/343367608_175523。

[2]李伟铭：《"中介之王"左晖身后，光环与争议留与世人评说》，人民网，2021-05-21，https://baijiahao.baidu.com/s?id=1700368248162355152&wfr=spider&for=pc。

的重要性不是以它的颗粒度来决定的，有些关键细节非常重要。"不过，后来公司越来越大，事情越来越多，他慢慢也很少出现在这种场合了。

向内紧抓，向外学习，这是左晖对于细节的执念。北京链家总经理李峰岩回忆道，店面的变化，其实是认知的变化。认知改变后，店面长什么样、布局和装修都会发生变化。2003 年，左晖学习港式风格，将房屋信息贴在链家门店外立面的墙壁上，鼓励充分竞争。他曾思考为什么门店看起来不够亮，尽管灯的功率足够。后来他请教日本同行，了解到应该把一部分光线打在墙壁上，把墙壁打亮，门店才能看起来特别明亮[1]。2008 年，左晖去日本、新加坡和中国台湾等地参观学习后，要求已经开出 530 家的链家门店，改为台式风格。门脸改为全落地窗，房源信息从内部贴满玻璃。大开间分隔出前台，用背景墙把经纪人作业区和前台接待区分隔开。在不断地学习与摸索下，链家最终形成了现在让人熟悉的透明玻璃加醒目绿色标识标配布局。

除了狠抓细节，犀利也是左晖在早期便形成的管理风格。工作中的他并非声色俱厉型，生活中也很随性，但异常犀利，短短几个字就能切中要点。早年运营总监每月都要和他述职，每个人 1 个多小时，频率与节奏都很高，如此坚持了很多年。在述职会上，左晖提的问题 90% 都不容易回答。在贝壳南部战区区首张海明眼中，左晖想问题有层次，格局也很高，但细节抓得紧。假设上个季度业绩表现很好，他会问"做得好，到底和团队有什么关系？形成了能力沉淀吗？"据回忆，左晖还经常会有这样的灵魂一问：如果下季度只干一件事，准备做哪件？为什么它是最重要的？通过提问与追溯，找出最重要的事情。按照他的思维，任何东西都要有论据，不好要找原因，好也要找出原因，找到本质，

[1] 南方周末：《左晖和他的贝壳，改变了什么？》，南方周末网，2021-06-10，http://www.infzm.com/contents/207839。

以及有什么核心举措。

左晖犀利而直率的风格从线下一直延续到线上，从 2010 年 10 月到 2013 年 8 月，左晖的微博更新频繁，几乎每天都发。他的每条微博大概都只有不到十条评论，基本都来自链家的员工。微博就像是老板和员工的留言板。他习惯在微博上点名员工：某某每年有多达四万分钟的通话记录；某某帮同事耐心处理了不是自己的单子；某某过去两年是述职中的"钉子户"，被批评最多，今年进步很大；某某的"晨读"越写越好，因为说的事情越来越小。除了对基层员工，他也写下优秀管理干部的三个特点：宏观少、具体多；经验少、教训多；目标达成少、未达成多。内部会议，他希望"杀气"重一些：关注目标、绩效、结果等干货；说小事；说难听的话多；连续的追问或者逼问多；汇报人脸色不好看的多。这样的习惯"才能长真本事"。

故事仍在延续着，时间快进到链家的诞生之日。这一天，左晖把自己关到屋里写了两页纸，里面写满了对于链家、对于未来住房的初心与构想。多年之后翻出来，左晖自己看来仍觉得颇有道理。"人走着走着，很容易忘了你为什么走着了[1]。"于是，每年左晖都会找几个高管坐下来，拿出那张纸看一看，思考如何调整方向。而这一切的初心与期待，早在军博房展会顺利举办的那一刻便已在左晖心里埋下种子。

在左晖早期"原生态"微博里透露着快速迭代的干劲，如全力投入的职场人记录工作的点滴经验，又在日复一日的思考中展现着过人的管理才能。他如同一位踌躇满志的船长，掌控着方向与速度。

---

[1] 李艳艳：《理想主义者左晖：一场漫长的告别和早有准备的"放手"》，中国企业家杂志，2021-05-21，https://baijiahao.baidu.com/s?id=17003727751 14981402&wfr=spider&for=pc。

第三章

重建信任，开启链家大时代

带着对经纪人根本价值的追问，左晖带领他的团队逐渐开辟出一条不同寻常的航道，逆势而行。从此以后，惊涛拍岸、巨浪袭来变得寻常，可他却在所不辞。因为，这正是左晖一生所坚持的——"难而正确的事"。

随波逐流难成事

时间跳转到 2003 年，这是链家成立的第三年。

这一年，房地产行业再次迎来"高光时刻"。当年 8 月，国务院发布的《关于促进房地产市场持续健康发展的通知》明确提出，"房地产业关联度高，带动力强，已经成为国民经济的支柱产业"。随之，激情与混乱交融，暴利与风险共舞，行业规模迅速上涨。资料显示，1998 年全国住房贷款余额是 426 亿元，此后呈爆炸性增长，1999 年达到 1358 亿元，2002 年激增至 8253 亿元。

在此火热行业势头之下，房地产企业也经历着大浪淘沙、逐渐迭代。然而，整个行业的竞争环境却并没有发生明显优化。虚假房源泛滥、吃差价、恶性抢单等弊病根深蒂固，交易效率依然很低，行业消费者满意度还不到及格线。在鱼龙混杂的地产服务行业，大家心照不宣，用各种行业潜规则悄悄赚着钱，"比谁底线更低"的风气逐渐让整个行业变得"乌烟瘴气"。若细数当年地产销售的"招数"，其行为之劣从以下三招便可略知一二：

第一招，"抛玉引砖"。以高品质、低价格的虚拟房源吸引客户关注，取得购房者联系方式之后，再以"晚了一步，房子已出售"为由向客户推销其他房源。此举看上去是无心之失，实则以虚假信息将客源套牢，"不计一切后果"先把联系方式拿到手。

第二招，"绘声绘色"。待与购房者取得联系后，口头提供不全面、不真实的信息误导消费者，以一套成熟话术将普通的二手房描绘出"此房只应天上有"的气派，吸引客户到实地看房。旁有大坑故作"绿地"，遇到水坑便称"湖景"，若有新建高楼索性直接拉上窗帘。此举看似"掩耳盗铃"，却能有效应对一些冲动买房、辨别力不足的购房者[1]。

第三招，"自导自演"。利用买卖双方的信息不流通，两面隐瞒房屋的真实报价，作为中间商"吃差价"。更有甚者，房屋中介主动在报纸上刊登个人求租广告，虚增需求，激化购房紧迫性。此举亦是房地产中介最常用的招式之一，在一来二往、两相隐瞒之间，上述所有"努力"的价值便得以实现。

以上种种，仅是彼时二手房市场草莽痞性的一隅，行业顽疾盛行如初，侵占用户购房资金现象仍然普遍，成交之后的复杂贷款过户流程也如"黑匣子"一般，用户顺利买下房子大多数时候靠运气——是否恰巧能遇到一个靠谱的经纪人。如此，消费者对中介行业的评价愈发负面，本可以诚相对的服务却成了消费者与房地产中介之间的"斗智斗勇"。

面对有如此多技巧的中介，老百姓不懂游戏规则，如同"盲人骑瞎马，夜半师深池"，极易受骗上当。由于缺乏相应法律法规的约束，消费者的售后权益难以得到保障，落入"中介陷阱"的购房者更是无处哭诉。一次又一次的信任危机正在消磨着整个房地产中介行业的信誉。当经纪人的个人信誉如湿毛巾里的水一般，被一次次榨干，整个行业的信誉便沦为易耗品，经纪人的职业周期愈发短暂。于是，中介行业变得人来人往，过后只剩一地鸡毛。

常闻中介之清流如链家，左晖却坦言，在链家成立初期的这几年，

---

[1] 郭亦菲：《左晖去世访谈回顾：做难而正确的事》，腾讯网，2021-05-20，https://new.qq.com/omn/20210520/20210520A09DZX00.html。

他们也曾受到行业风气的影响。谈起商业伦理，左晖回忆，尽管自己成长在知识分子家庭，从小接受着正规的中国式教育，但是在整个教育过程中对于商业伦理的教育是缺失的，"除了赚钱之外，什么是对的，什么是错的，搞不清楚"。

　　然而，消费者的愤怒敲醒了当时的左晖。"吃到差价的欣喜是很真实的，但当消费者找上门来，那种愤怒也是很真实的，最后你只能把钱退给人家。"[1]伴随着越来越多的矛盾出现，包括跟消费者、跟同事之间的矛盾，左晖开始意识到："需要去解决这个问题，因为做生意不仅是要挣钱，更是为了身心愉悦。明明可以站直了去挣钱，为什么非要坑蒙拐骗去做？"

　　深挖黑中介的"原罪"，会发现当时整个行业并不乐观。从行业大环境的角度看，当时的新房交易占据主流，以房改房为主的二手房交易十分低频。按照一位资深从业者的说法："当时的经纪人，一年也就成交三四套房子。"加上房价水平低，单靠佣金经纪人很难保证收入，为求谋生之道房屋经纪人只能"另辟蹊径"。从行业从业者的角度看，在"成交为王"的利益驱动下，他们习惯了恶性竞争，加之运营管理模式不完善、行业规范不明确，经纪人普遍流动性大、从业周期短、作业标准低。如此，给了许多不当之举滋生的空间。在尚未成熟的外部市场环境与毫无保障的内部行业待遇两面夹击之下，"吃差价""假房源"等行业乱象随之而生。

　　行业内信息不对称的问题愈发明显，说明中介是有价值的。既然现在的方式不可持续，那么房地产经纪人到底应该靠什么赚钱？思考者左晖在不断反思现有矛盾的过程中，逐渐领悟出了一个深入行业底

[1]李翔：《详谈左晖：难而正确的事》，新星出版社，2022年11月。

层逻辑的大问题，追寻这个答案的旅程贯穿着他往后的二十年事业。

无独有偶，20世纪最伟大的哲学家之一维特根斯坦在8岁时也曾思考过一个类似的问题：如果撒谎对人有利，为何要讲真话？这个问题萦绕了维特根大半生，此后他得出结论——讲真话是不容讨论的，因为说谎会违逆内心的呼唤，让人不安。这也正是左晖所言"身心愉悦"的反面[1]。

多年后，左晖曾总结，要想赢，方法有两个：第一让自己变强，第二让别人变弱。关心竞争多了之后，很容易会选择后者。然而，这种横向竞争的思维往往是低效的，按照这种比较思维去"拿"别人的做法，实际上是在"偷懒"。"真正强的团队都是能做到以下三件事情的——承认先进、学习先进和赶超先进"[2]。当我们从横向思维转向纵向思维时，基于过去的经验与历史去思考，与历史上那些真正创造价值的人去对话，像左晖一样不断追问本质，才能开创出服务于人们美好生活向往的独特事业。

带着对经纪人根本价值的追问，左晖带领他的团队逐渐开辟出一条不同寻常的航道，逆势而行。从此以后，惊涛拍岸、巨浪袭来变得寻常，可他却在所不辞。因为，这正是左晖一生所坚持的——"难而正确的事"。

---

[1] 企业生意经：《左晖是如何思考的》，2021-05-26，https://zhuanlan. zhihu.com/p/375338937。

[2] 李翔：《详谈左晖：难而正确的事》，新星出版社，2022年11月。

反其道而行，拒吃差价

2004 年，链家成为业内第一家提出"不吃差价"的经纪品牌。

这个理念来源于经典的"左式连环提问"：我们存在的意义是什么？我们给社会创造了什么价值？社会上有无链家会有什么不同？我们在什么场景下向什么人提供了什么价值？这一系列的提问都指向着同一个命题——在混沌的行业形势之下，什么是破局点？答案呼之欲出，那便是站在消费者的一边，从消费者利益的视角思考问题。尤其是针对以二手房中介为典型的 ToC 业务（面向个人的业务），令消费者满意才是企业长远发展的根基。

从另一个角度看，中介吃差价的模式也终不能长久。左晖认为，每个行业都应该有一个合理的毛利率[1]。因此，从 2004 开始酝酿、2008 年正式实行的链家核心战略之一就是有意识地将中介行业的毛利率降下来。换句话说，让中介行业的利润降到一个更合理的范围。因此，无论是从企业内部发展还是行业竞争的视角，"不吃差价"的理念都呼之欲出。

在 2004 年 3 月，链家编制并推出北京房地产经纪行业第一本《用

[1] 毛利率 = 毛利 / 营业收入 ×100%=（主营业务收入 − 主营业务成本）/ 主营业务收入 ×100%

户手册》。这本手册通过 181 个问答，将房地产交易过程中卖房、买房、出租、求租、贷款、过户中普遍遇到的问题、基本知识和风险防范等内容都一一详细介绍。譬如，风险防范篇阐述了二手房交易中房屋的产权、结构、合同、费用、权属过户、物业交割的注意事项；委托经纪公司代理后双方的权利和义务；在出租房屋、买卖二手房中如何防范风险；规避黑中介不合理收费等，堪称"二手房房地产交易指南"[1]。

《用户手册》从消费者的角度考虑，贴近客户消费需求，把链家多年致力于房地产市场服务的"宝贵结晶"都掏了出来。它被放置在链家店面免费发放，深受百姓欢迎和好评，有的单位甚至要求集体购买。为了答谢百姓的厚爱，链家还深入社区和消费者，进行二手房消费、房产置业升级等免费知识讲解，打下了良好的群众基础。

然而，在百姓欢呼雀跃的同时，此举也相当于砸了不少人的饭碗。"你把这些可藏猫腻的地方都明明白白告诉百姓，这个行业的企业还赚什么钱？"这一发问直击行业痛点。左晖却答："君子爱财，取之有道，不合法、不合理的钱，链家不赚。"

乘着《用户手册》之势，链家正式提出"信息透明、不吃差价、只赚中介费"，并全面禁止公司内部经纪人"吃差价"。然而，现实往往比理想要骨干。在"不吃差价"提出的三个月之内，大批业务经纪人陆续因为各种原因离职。同时，为了如口号所言，鼓励经纪人长期在行业内工作、持续提供品质服务，链家中介费不得不一年之内上调两次，提升至 2.5%。这导致链家陷入第一次无回报期。内外夹击之下，链家进入了最艰难的时期。

"一定还有什么地方出了问题"，带着对"不吃差价"理念的坚

---

[1] 王环环：《左晖：做难而正确的事》，记者观察网，2021-07-30，http://www.jzgczz.com/magazine/point/58286.html。

定想法，左晖不久又行惊人之举，开始招聘应届大学生，不从同行挖人，借此机会对企业内部进行大换血。这也形成了后期链家家喻户晓"高学历经纪人"的招聘风格。从如今遍地大学生的教育环境来看，此举并无新意。但是，当时间回溯到2004年，几乎没有大学生会选择从事这一行业。当年链家好不容易招到的大学毕业生不得不和家长撒谎说自己去干财务，天天下班晚只好和家里解释自己在大兴上班[1]。由此可见，左晖招聘大学生之举实属大胆而有先见。

抱着不想让规模还不大的公司被别人带偏的想法，左晖恰恰在这最艰难的时期，坚持培养了自己的团队，一个拥有全新价值观的团队。这一坚持的效果也逐渐反映在了链家的增长曲线上：2005年，链家逆势增长，从30家店开到105家；2007年链家有了300家门店，成为北京第一；2009年，链家经纪人人数突破10000人……[2]

这些丰硕的成果不仅充分展现了左晖作为企业决策者的明智，同时也反映了一个拥有共同价值观团队的重要性。改革必然意味着颠覆，不仅是企业外部所提供产品或服务的颠覆，更是对于内部价值观的一种厘清与明确。作为一个明智的管理者，其中很重要的一项工作便是进行目标管理，将公司内部成员的个人目标与企业目标进行整合。只有力往一处使，团队才更加有力量。

从此刻开始，链家的"真实"基因逐步萌芽，并在后期不断成长为一个个为消费者考虑的品质服务。这种对"真实"的执着，渗透入

---

[1] 潘宁凌：《左晖：我们的效率远高于对手》，中国企业家俱乐部。2019-10-17，https://baijiahao.baidu.com/s?id=1647632502181912796&wfr=spider&for=pc。

[2] 何伊凡：《专访左晖：一个长期主义者的底层逻辑》，盒饭财经，2020-08-17，https://baijiahao.baidu.com/s?id=1675243135910177576&wfr=spider&for=pc。

组织的"毛细血管"，并成为链家的"金字招牌"。据说某次，链家要求所有员工，报上自己真实学历，如果之前报的是假学历，自己更正了没关系，但不更正会有责罚。最后真的有人不好意思报，被查出来之后离开了链家，包括一些业绩非常好的经理人。

鲁迅先生曾言："青年所多的是生力，遇见深林，可以开辟为平地；遇见沙漠，可以开掘井泉；遇见荒漠，可以栽种树木。"这在正值青年的左晖身上展现得淋漓尽致，坚定心中所想，天地皆为所用，只待长风破浪，直挂云帆，全新的时代即将到来。

勇往直前，逆势增长

2005 年被称为房地产行业的政策调控年，也是链家的转折年。

随着大量资金的涌入，中国房地产业发展步入快车道，但这种过热局面亦引起监管层的重视。由于市场需求偏大，部分地区投资性购房和投机性购房大量增加，以及住房供应结构不合理，开发建设成本提高等，一些地方住房价格上涨过快，影响经济社会的稳定发展。于是，加强行业宏观调控成为重点任务。其中，最重磅的措施当属 2005 年发布的新旧"国八条"。

当年 3 月，国务院办公厅下发《关于切实稳定住房价格的通知》[1]，首次以行政问责形式将稳定房价提高到政治的高度。一周后，央行决定从即日起调整商业银行自营性个人住房贷款政策，宣布取消住房贷款优惠利率；对房地产价格上涨过快的城市或地区，个人住房贷款最低首付款比例可由现行的 20% 提高到 30%。

5 月，国务院办公厅转发建设部、国家发改委、财政部、国土资源部、人民银行、税务总局、银监会《关于做好稳定住房价格工作的意见》[2]，明确享受优惠政策的普通商品房者的标准，全面加强二手房交易环节

［1］俗称"旧国八条"。
［2］俗称"新国八条"。

的税控，规定自 2005 年 6 月 1 日起两年内转让商品房要征营业税，并且禁止炒地和期房转让。

这一系列房地产调控的"组合拳"通过金融、财政、税收、土地和行政等杠杆、手段，全面调节房地产市场供求总量和供求结构[1]。密集和高强度的调控对房地产行业的短期影响也表现明显。从全年数据来看，2005 年，全国房地产开发完成投资 15759.3 亿元，同比增长 19.8%，比第一季度回落 6.9 个百分点，比 2004 年回落 8.3 个百分点[2]。

房地产市场迅速趋冷之下，房产中介公司纷纷收缩战线，关闭门店大幅裁员，左晖却带领链家打出了"逆增长"的牌。实际上，在新的宏观政策出台前，链家的管理层正在讨论是否应该加快扩张步伐。新政策出台之后，链家的管理层们随即在北京郊外的一个宾馆内开会，商讨链家未来的发展方向。"当时的倾向是三分天下，一部分人主张不变，维持 2005 年开店到 50 家的计划；一部分人主张缩减开店量；剩下的人则是主张继续扩张，把 50 家店的计划增加到 80 家。"左晖回忆道，"主张缩减的观点一度占上风。"的确，如果不收缩，一旦调控铁幕落下，链家很有可能无法承担成本。

但左晖认为，从行业的根本逻辑上看，限购只是短期影响，供应严重不足的难题实际上并未解决，房市长期看好。"短期来看，市场交易总量是会下降，但链家却可以抓住这个机会扩大市场占有率。"带着初生牛犊不怕虎的劲头，最后所有人都动心了。于是，链家再次做出"反传统"的决策。

---

[1] 顾云昌：《中国房地产市场的 2005 年分析与 2006 年展望》《城市期刊》2006 年第 2 期，8-11。

[2] 数据来源：国家统计局房地产投资全年统计快报。

"其实只要店均有六万收入，就不赔钱，这个店就能开得下去"，一向精于计算的左晖，这次没跟大家算细账，而是选择抓住窗口期开店[1]。他一口气把门店数从 30 家扩增到 105 家，这成为链家扩张之路上的关键一步。第二年，链家又抓住北京市建委等部门推出"二手房交易资金监管"等系列政策的机会，和建设银行合作，监管二手房交易资金。2005-2007 年，借助政策窗口期，链家乘势而上果断开店，成交量从 2005 年的 1500 套左右增长到 15000 套，增长了 10 倍，一举奠定了链家在北京的龙头地位。

在每一轮调控周期，左晖总是坚持做多，结果踏准了节奏。2008 年，金融危机导致房地产跌入低谷，部分地区房价跌幅逾一半，当时地产经纪关店潮凶猛，全北京二手住宅市场月交易量曾经只有 3000 套，情况危急，链家所有高管不得不亲自去一线管业务，帮经纪人开单[2]。即便如此，链家没有仓促关店，而是将对手腾挪出来的好店铺盘下来，进行存量优化。"链家运营的整体盘子较大，承受力较强，市场萧条期我们倾向于观察，谨慎行动，调整节奏慢于同行，"北京链家经纪管理中心高级经理谢永春指出，"但是当市场启动的时候，链家的开店速度则快过同行。"

除了敏锐的行业洞察力与决策智慧，链家迅速扩张的顺利实施离不开内部体系的不断完善。2005-2007 年，链家采取了两项关键举措。第一，对内发布"基本法"，严格管理服务品质。第二，建立"分区文化"，

［1］何伊凡：《左晖的墓志铭》，盒饭财经，2021-05-21，https://baijiahao.baidu.com/s?id=1700324998532435975&wfr=spider&for=pc
［2］熊元、陈晓平：《左晖的第一次创业史：链家 10 万经纪的楼市狂想》，21 世纪商业评论，2021-05-20，https://baijiahao.baidu.com/s?id=170028061942 3563936&wfr=spider&for=pc。

区域经理管理的门店店面，超过一定数量就要进行拆分，通过老员工的"帮传带"实现价值观传承[1]。相比于被动的"看天吃饭"，严格的"管控五连环"[2]也为链家逆势扩张提供了充足的底气。

　　"趁着大潮未退，先把衣裤穿好"。面临巨大的市场挑战，左晖毅然走出了一条勇往直前、逆势增长的独特之路。他坚定的目光似乎在告诉我们，乘风破浪之时，心中所念或许并非未来可期，而是做足准备，等待浪潮如期而至。

---

[1] 李翔：《详谈左晖：难而正确的事》，新星出版社，2022年11月。

[2] 管控五连环：分别对应着链家内部财务控制、开店选址、运营管理、人才培训激励，以及战略决策的五大问题。

创立楼盘字典，建立链家壁垒

2008 年，金融风暴引发的楼市震荡突如其来。左晖一声令下，链家一边逆势扩张，一边正式开启房屋普查项目。

随着链家的二手房业务不断扩张，左晖提出了一个新的问题——中国在售的二手房到底有多少？当时没有人知道，左晖决定让链家自己来完成这项基础工作——创建楼盘字典。

什么是楼盘字典？顾名思义，它是一本写满了楼盘信息的字典，采用 7 级门址对每套房进行独一无二的编码，包括城市、城区、楼盘、楼幢、单元、楼层、房屋。当时链家的经纪管理部成立了楼盘字典项目组，以大区为最高管理单位，每个区域配备一名普查员，负责房源的真实性、完整性，以及楼盘数据录入的进度监督、控制和检查工作。

这项浩大烦琐的房屋普查工作看起来不像是企业会做的事情，尤其在当时链家所处市场环境动荡、企业资金紧缺的处境看来，更是没有太大的实际用途。链家内部很多同事看不懂左晖下的这步棋，就连左晖自己也难以判断何时该项目才能产生价值。但是，他依然提出要"不计成本投入"实施这个项目。

对当时的链家而言，楼盘字典项目是一场人力、物力、财力的极大消耗。为了建立起北京的房屋数据库，链家旗下近百名经纪人走街串巷，逐个地数楼，拿着本和笔手工记录房间门牌号、标准户型图、属性信息、配套设施信息等，并在后续的交易中不断复核和更新[1]。参与房屋普查工作的链家员工回忆道："开始做才发现困难重重，各类数据都不是特别好采集，路线要规范好，需要观察小区怎么进去，有几个门，保安严不严格，拍大门、楼号、单位的照片，有时候进不去帮大爷、大妈们拎个菜她就带你进去了[2]。"除了工程浩大，房屋普查工作的另一个特点是复杂繁琐。由于缺少经验，链家集中雇人数了三次，才最终弄清楚北京城到底有多少套房。

楼盘字典项目历时10年，耗资数亿，但是，当楼盘字典搭建完成，成为国内数据量最大、覆盖面最广、颗粒度最细的数据库，大家才发现原来一切的工作都值得。作为整个行业最底层的数据库，楼盘字典给链家的所有业务提供了扎实的数据基础，更重要的是，真实数据的积累让链家构筑起牢固的护城河：2009年，链家与同行拉开了距离，行业形成了"链家"和"非链家"两派；2011年，链家已建立起覆盖700万套房源的"地址库"，此举被同行纷纷效仿，催动链家最终坐上北京二手房市场的头把交椅[3]。

对于很多人来说，楼盘字典工程之浩大可谓难以想象，更别提此举的提出正值房地产行业震荡期。然而，对于左晖而言，这一举措却是顺理成章的。

楼盘字典的产生源于左晖一直延续的"左式提问"思路，它正是

[1]刘大敞：《贝壳左晖的三大"法宝"》，搜狐网，2020-11-17，https://www.sohu.com/a/432379222_338497。
[2]央视财经频道：《遇见大咖》，央视网，2021-04-03，https://tv.cctv.com/2021/04/03/VIDEvDw2ZqCeYYZ54EPBUd3W210403.shtml。
[3]郭儒逸、冯超：《左晖创业史》，商业人物，2021-05-21，https://view.inews.qq.com/k/20210520A0DZB100?web_channel=wap&openApp=false。

在左晖不断思考链家对社会创造了什么价值的过程中诞生。对于当时房地产市场的发展趋势，左晖认为其必然会从增量市场逐步转向存量市场，供给侧的品质将成为一个房地产企业的核心竞争力。因此，链家一直致力于在物、人和服务这三个方面进行二手房市场的供给侧改造。楼盘字典，正是他从"物"这一角度思考的成果。

计算机出身的左晖对数据尤为敏感，他发现在不动产购置这一重大消费上，关于房屋物理数据的信息不对称问题严重，支持消费者决策的数据规模非常有限，值得人们信任的、高度结构化的数据信息更是少之又少。在此观察下，他决心打破交易黑箱，建立真实完备的房屋物理信息数据库，通过"物"的标准化实现，提升"物"的品质。这在当时极具前瞻性，是典型的牺牲短期利益，追求长期价值的战略行动。

实际上，左晖也指出，楼盘字典可以理解为是"链家推出的一个很抽象的产品"[1]。为了更加深刻地改变房地产行业信息不对称的问题，左晖希望通过楼盘字典构建起行业的基础设施。"中国同一个时点，在交易的二手房大概在 100 万套左右。如果没有一些技术的支持，我觉得也是做不到的。"于是，在数据化与技术化两方思路的撮合之下，楼盘字典应运而生。后来，也正是有了楼盘字典的基础，链家才有底气首推"真房源计划"，形成自身的独特竞争力。

2012 年，左晖在微博写道："有人问链家怎么知道北京有 500 多万套存量房？坚定去'数'加上还不错的 IT 能力，就会让我们知道北京 16 个区（县），共有 162 个商圈，9510 个盘，86427 栋座，65000余类户型，5185005 套存量住宅。"

---

[1] 潘宇凌：《左晖：我们的效率远高于对手》，中国企业家俱乐部，2019-10-17，https://baijiahao.baidu.com/s?id=1647632502181912796&wfr=spider&for=pc。

一个个鲜活的数字背后，是左晖坚定的矛头指向与无数链家员工一步一个脚印的努力。2008 年的房地产危机，与其说是横向的竞争与博弈，不如说是对行业价值与服务的考验，是企业自身的洗礼与重生。在当时激烈的行业竞争中，在房地产行业整体经历剧烈震荡的艰难时期，左晖依然能够沉下心，沉淀数据、屏息向前。待风暴过去，抬头回望便会发现，自己或许已在最前头。

开创行业先河的"真房源计划"

2011 年 7 月 16 日，链家率先启动了"真房源计划"，承诺为消费者提供"真实存在、真实委托、真实价格、真实信息"的房源，上线全流程验真系统，推出五重保障、四大安心服务承诺。与此同时，链家与中国消费者协会开展合作，启动"链家地产百万先行赔付保障金计划"。第二年，链家推出"全渠道真房源"，将真房源的范围由内网扩展至所有端口。

实际上，在楼盘字典的充分铺垫下，链家坚定站在消费者权益一边、以真房源数据库解决二手房市场"假房源"弊病的立场早已呼之欲出。然而，在执行过程中，这个继拒吃差价后的又一"逆行"举措却受到了诸多质疑，经历了三年的内部讨论才被正式提出。

在左晖的团队哲学里，有一个"七分熟"的概念，指的是组织内部对目标不去博弈，核心是要对目标的方向基本达成共识。实际上，真房源行动所经历的正是这样一个过程，"没有达成共识时，可以把事情放一放"。在左晖看来，一个优秀的组织并不需要强势的领导去推动，"如果大家都具备独立思考的能力，在一个层面上大家可以直接开诚布公地讨论，这肯定是组织最优的状况"[1]。虽然这会牺牲一定的效率，但长期来看是高效的。因此，在楼盘字典的长期主义初见成效之际，"真房源计划"才正式提上日程。

战略一旦研究清楚以后，左晖会体现出惊人的决心，行动力极强，对于过程中出现的问题亦早有预料。不出所料，此举一出，左晖回忆，"经纪人都不知道反对成什么样子了"。就在启动真房源前一天晚上，有经纪人提出质疑，公司应该教经纪人当遇到客户置疑房源时，怎么去解决对方顾虑的话术，而不是出真房源的承诺。左晖直接回答："链家没本事教你这些话术，你可以去别的公司学。"于是，链家经纪人再次出现离职潮。很多人都偷偷说"老左疯了"，但左晖不为所动，他洞悉这只不过财务短期上会有些压力，对链家来说就是要储备足够多现金来覆盖这些风险就够了。

真房源意味着房源减少、报价升高，随之而来必然是客源和来电的骤减。于是，"真房源计划"推出的前三个月，链家业务连续下滑，很多房产经纪人三个月都没有一单业务进账，怨声四起。此时，公司毅然宣告：租房人或者买房人今后无论在任何网站、店面、派单上发现"链家地产"假房源、假价格，均可以拨打该公司举报电话进行举报，经核实后，情况属实的，同一房源的首位举报者可获得100元的现金奖励。短短10个月里，链家向消费者赔付了40万。当时，有羊毛党专门将此为兼职，还把奖励汇款单晒到了微博上。

左晖告诉手下同仁："因为我们做的事情是真正对消费者好的，消费者终归是理性的，是有判断能力的。等100天，消费者就会回来。"果然，流失的客户终究是回来了，此后流量开始大幅上升，转折点出

---

[1] 李翔：《详谈左晖：难而正确的事》，新星出版社，2022年11月。

现在半年后，链家的交易量超过推真房源之前的交易量，开始步入正向循环。

"真房源计划"顺利开展之后，团队的"看长期"精神得到很大鼓舞。链家总经理李峰岩回忆："从那次之后，我们所有人更坚定了一件事情，任何的变革都有痛苦期，就看你能不能扛过去这个痛苦期。"正如左晖所言："其实你赔得越多，这个屋里的人就越心疼，这屋里的人越疼，这个事情才可能在内部去推。"而链家的过人之处，在于能够亲手将改革的大刀向自己挥去。

回顾左晖在行业洪流中另辟蹊径的逆行之旅，其核心逻辑是回归消费者利益。他曾坦言，真房源在他心目中实际上只是一个及格线，但无可否认的是："今天的确在中国很多商业领域里面都有这种状况，只要你做到了60分，你就有很强的竞争力，这些事本来就应该做到的。"而这也是左晖一直坚信他这一辈企业家的时代使命——完善行业的基础设施与服务。"现在很多从事服务业的企业逻辑是'我（服务者）要什么、客户怎么做才能满足我的要求、我怎么让客户做这些事？'这是错的，正确的思路应该是'客户想要什么、我怎么满足客户的需求、做到的标准是什么、做不到怎么办？'"

针对房地产行业，左晖认为，有两个特点：第一，从一个商机到一个交易非常难；第二，从交易到交付也非常难[1]。在如此复杂的生意状况下，不管是对经纪人，还是消费者，如果能在单点上形成转化效率的提升，对整个行业带来价值是非常大的。因此，"关键看谁有能力把行业整个价值水平能够提升到一个新的高度"。这也是左晖十

[1] 潘宇凌：《左晖：我们的效率远高于对手》，中国企业家俱乐部，2019-10-17，https://baijiahao.baidu.com/s?id=1647632502181912796&wfr=spider&for=pc。

分强调消费者价值、用户权益的原因。

左晖曾经提到他独特的运营方式，"跟通常的打法比，全都是反的，但我自己觉得蛮有效的"。实际上，在左晖跌宕起伏的改革之路上，所谓正反大抵只是一个相对概念。真正"以不变应万变"的中介之道，其实就是难而正确的事。抛开左顾右盼的比较与竞争，左晖带领链家所实现的，正是由内而外的自我革命。

第四章

坚持难而正确的事

　　什么是难而正确的事？实际上，它可以拆分为两个维度：一是"难"，二是"正确"。前者是路径，后者是方向，两者缺一不可。从战略的角度看，这首先是确定地点的事，从 A 到 B，A 是搞清楚现在在哪儿，B 是想清楚想要到哪儿，将二者真正说清楚，这个事情本身就很有挑战；其次是在选择路径的时候，面对容易的路和难的路，"选择难的路，成功的概率其实是更高的"。

开启房产托管，保障交易安全

资产"裸奔"，这是二手房交易过程中客户最大的顾虑之一。

左晖曾经接待过一位前来投诉的女客户，这位顾客花了800万买房，结果在付房款的第二天，卖家自杀了，房款去向不明。"直到今天，那个女孩的样子都在我眼前，她很平静，又心如死灰。"左晖这样描述[1]。

这个女孩的故事并不是个例，二手房交易的长周期特点是交易安全隐患的重要原因。从双方信息匹配到合同签订，再到过户手续及房产交割办理完成，二手房交易往往需要经历较长的过程，无法完成即时的"一手交钱、一手交房"。因此，无论是直接交易还是委托中介代理，买卖双方都会有"付款却没收到房"或"房子过户却没收到房款"的顾虑。

在当时，由中介公司包揽二手房交易全过程是最常见的解决方案——购房资金先交付中介，手续办妥后中介将产权证和钱分交买卖双方。这个方法看似解决问题，实际上却将交易风险转置于中介机构。一些中介更是以第三方监管之名，占用大量客户沉淀资金。以当年的深圳房产中介中天置业为例，客户资金被大量挪用于机构扩张开店。

---

[1] 郭亦菲：《财约你》，腾讯网，2021-05-20，https://new.qq.com/omn/20210520/20210520A09DZX00.html。

结果在楼市寒潮中，中介资金链断裂爆发财务危机，总裁携款潜逃，只留下了哭天喊地的买卖双方。

"理论上讲，6 万多亿的二手房交易，实际上处在裸奔状态，风险非常大。Escrow（第三方托管）非常重要，但是市场上的确没有为行业服务的成熟机构。"左晖感慨称，链家只能自己去做。

为了打破这种行业负循环，2003 年，链家与建设银行合作，率先推出"百易安——二手房交易资金托管业务"，购房者只需交数百元托管费，资金就可交由银行托管。这项业务的推出，意味着链家与银行携手共同搭肩起二手房交易的信用平台，使所有二手房交易者都可以放心地进入二手房交易市场。除此之外，链家在"资金托管"业务上，通过产权核验、背景调查来核实业主在签约前是否有查封，并承诺如果因为链家产权核验失职导致客户从链家买到的房屋有查封，客户的损失将由链家先行垫付，链家负责向业主追讨。

这一系列的交易安全保障措施，让链家在北京一众房地产中介里脱颖而出。尤其是在 2008 年房地产行情走低、中介信誉降至冰点的情况下，清晰定位于"做一个优质房产顾问"的链家以稳定的安全性与出色的专业性顺利逆势增长，步入发展快车道。

2004 年，致力于保障交易安全的链家进一步推出了"阳光交易模式"，让买卖双方见面签订三方协议；2007 年，链家与八大银行召开新闻发布会，首次公布二手房交易资金监管账号；线上推出交易流程可视化，将整个购房交易流程中的环节同步上线……一系列举措通过对购房中期的相关流程进行透明化，帮助买卖双方更好地把控流程、预知风险，进而提升房产交易的安全度。

当然，正义的坚持往往比看上去要艰难得多，保障二手房交易安全并非仅凭服务理念，还需要企业内部的管理能力将其落地。左晖在很早便看清了二手房产交易的关键——安全在效率之前。"你要比别人更快地熟悉交易，取决于你的安全性、效率和专业服务。"左晖说道，

"中介这门生意，就是合同流、信息流、资金流和权属流同时在变动，因此比较复杂。"在行业风险之外，出色的中介机构还需要有很强的内部管理成本控制能力，需要根据市场交易热点进行门店数量控制；要时刻保持资金的流动性，同时也需要保障交易双方资金的安全。

换言之，从企业内外联动的视角来看，良好的资金安全保障所体现的不仅是中介机构的服务理念与品质，更是其作为现代化机构的内部管理能力。在左晖眼中，2004年的"坚石危机"[1]就是一个很好的例子。诚然，坚石房地产经纪公司最后选择把风险转嫁到业主身上，犯了致命的道德错误。但是，如果坚石没有做出这样的选择，它的本质仍旧是由于企业经营不善而导致的巨额亏损。

自入行房地产中介以来，面对缺失的行业规范与服务标准，左晖始终在思考，对于二手房市场而言，到底怎样的服务意味着达标？怎样的服务是好的服务？带着这样的意识，左晖除了在交易安全领域开展行动，还带领着链家围绕交易效率、交易体验等方面，以实际行动建立了大量的服务标准，以服务承诺体现服务品质，并通过赔付机制实现内部监督，进而形成一个正向的循环。实际上，链家内部就有一个要求，把GMV[2]的万分之五作为每年的赔款，以此方式倒逼组织发展。

左晖以一己之力推动房地产中介行业步入正轨的经历似乎在告诉我们，真正能够有效撬动正循环的支点，或许不是一句响亮的口号，而是强而有力的替代方案。

---

[1]2003年11月，北京坚石房地产经纪有限公司突然"罢工"，一夜之间"人去楼空"，卷走租金550余万元，受害群众多达770多人。在此之前，坚石公司曾被评为北京市首批"放心中介"之一。

[2]商业交易总额（Gross Merchandise Volume），用来表示一段时间内的成交总额。

服务与管理超前，链家才能领先

纵观链家发展史，可靠的服务品质一直是链家的核心竞争力。

从 2004 年首次明确提出"签三方约、不吃差价"，到 2008 年推出楼盘字典，再到 2011 年首次开启"真房源计划"，链家以保障交易安全与规范化管理为起点，逐步将思路扩展到交易效率、交易体验等方面，持续向全方位提升客户体验的思路发力，将链家品质推向极致。在当时整体服务水平仍较低的环境下，正是链家超前的服务品质，使其在房地产中介市场上遥遥领先于其他企业。

2013 年，链家根据长期在二手房市场促成交易的观察与理解，推出"四大安心服务承诺"，为因交易纠纷造成的损失进行兜底。在"真房源"的基础上，链家承诺凶宅筛查、辐射监测最高原价回购，签前查封、物业欠费先行垫付。针对不同交易场景下的不同环节，链家持续推进安心服务承诺的迭代升级。目前，安心服务承诺已从最初单一的二手房全面覆盖了二手房、租赁、新房三大板块；承诺条款总数突破 43 个大类；在标准八项承诺之外，许多城市公司还针对本地特点推出个性化赔垫付承诺，更有力地保障了本地消费者的交易安全。截至 2021 年 8 月底，链家已累计为消费者赔垫付安心保障金 167664 笔，金额超 29.27

亿元[1]。

2018 年，链家进一步推出"30124"的客诉响应承诺，以解决客户投诉处理时效，提升客户的服务满意度。该承诺对链家的内部客服系统提出严格的任务指标，要求在客户投诉后 30 分钟内予以响应，在 12 小时内给出解决方案，24 小时内实现 90% 以上的客诉结案率。随着处理机制的持续完善，很多符合承诺标准的投诉一经接收便很快得到了妥善解决，于是迅速得到行业与市场的积极反馈。

上述举措不仅让链家的内部服务品质得到了标准化的升级，同时更是不断向客户展示链家在服务品质上的竞争优势，使其品牌标志深入人心。实际上，链家品牌差异化服务战略能够顺利开展，主要得益于两点：一是将复杂问题标准化的抽象能力，二是将服务标准推向极致的战略定力。

左晖一直希望打造具有抽象思考能力的团队，在复杂的具象服务过程中抽象出具有核心价值的服务理念，将其提升为企业战略层面的服务标准，在企业内部进行推行，进而提升链家整体的服务水平。在左晖看来："一个组织最好的方向就是抽象和具象的东西都在里面，理性和感性都应该去做，一般情况下抽象比较难，特别是在复杂的服务行业里面，大家不太容易做抽象的事情，但因为产业发展都比较快，所以即便不抽象，没有提升效率，没有提升品质也不错，但是，这不是我们希望的事儿。"

链家的管理团队里几乎没有人做过经纪人，一直是"一群理科生在管理公司"。在左晖眼中，这其中有着独特的优点，那便是团队会以自己的视角来理解整个产业，能够知道怎样把纷繁复杂的行业用更

---

[1] 王辉，王念念，潘垚天：《探寻贝壳的"终极算法"》《中国经济评论期刊》，2022 年第 4 期 70-73。

抽象的基本规则与道理说明白。这对于当时仍处于混沌状态的房地产行业来说，可谓是至关重要。

正所谓"上可抽象到战略，下可落地出效果"，除了抽象能力，坚持将服务标准做到极致的战略定力也很关键。左晖曾经提到过链家在业务上的战略逻辑："我们一直是先垂直解决一个产业的问题，从最高的事情开始做，超配行业基础设施，当形成了品质和效率的势能差，再去横向覆盖。做事情以十年为单位，由于这个行业新扩的品类不是特别多，但每个品类都很庞大、很分散、很艰苦，所以对我们来说，可能需要更坚定和有耐心。"[1]

以中介企业竞争激烈的签约独家房源为例，左晖便刻意放慢了链家的脚步。"今天在北京有 10 万套的报盘，但我们内部的要求是独家绝对不允许超过 1 万套。为什么？我们绝对不会愚蠢到这种程度，把10 万套房子全签了。因为我的独家房源消化能力一个月就 1 万套。签10 万套，一定有几万个业主对我非常不满意，链家要保证在独家房源的流量和资源是超配的。大多数中国企业都是资源占有型的思维方式，而不是价值型的思维方式，想的都是怎么把所有的房子给签成独家。这就是链家与他们的区别。"

由于对"品质服务"的坚持与定力在市场中一次次得到验证，外部市场的认可逐渐累积成内部团队的共识，整个链家团队也愈发坚定，明确优质的客户体验作为自身的发展根基，不断推动链家内部流程的优化，形成高品质的正循环。在抽象能力与战略定力的合力下，链家逐步建立起高品质的护城河，成为其他中介企业难以超越的行业龙头。

除了战略层面的选择与坚持，在战术层面，链家作为一个典型的

---

[1] 李翔：《详谈左晖：难而正确的事》，新星出版社，2022 年 11 月。

服务型企业，面对激烈的同行竞争和同质化的市场特点，通过高品质与高增值的两种差异化路径实现品牌服务的破局。其中，高品质是品质服务的坚实基础，通过客户在与链家接触中感受到的品质感，提升现存客户的服务满意度；高增值则是品质服务的增长空间，通过推行增值服务的标准化和服务领先战略，吸引更多拥有不同需求的客户。在长期的坚持之下，链家最终形成了一套完整而优质的品牌服务体系。

从来商场如战场，左晖能够将目光从激烈的横向竞争中抽离，转向为客户的利益最大化考虑。带着战略上的抽象能力和战略定力，链家在破浪途中积攒起自身独特的竞争力。可以预见，这艘逐渐壮大的巨轮还将驶向更开阔的海域，开启一场关于长期主义、关于"慢即是快"的更大变革。

难的事，往往就是正确的事

"做难而正确的事"，这是左晖最经典的语录。

其实，它还有另一个版本，那便是"走窄门"。"窄门"源自《圣经》中的一段话："你们要进窄门。因为引到灭亡，那门是宽的，路是大的，进去的人也多；引到永生，那门是窄的，路是小的，找着的人也少。"在微博上，左晖曾写道："从第一天就坚定地走窄门，做难但是正确的事情。"[1]

什么是难而正确的事？实际上，它可以拆分为两个维度：一是"难"，二是"正确"。前者是路径，后者是方向，两者缺一不可。从战略的角度看，这首先是确定地点的事，从 A 到 B，A 是搞清楚现在在哪儿，B 是想清楚想要到哪儿，将二者真正说清楚，这个事情本身就很有挑战；其次是在选择路径的时候，面对容易的路和难的路，"选择难的路，成功的概率其实是更高的"。

从本质的角度看，难而正确的事反映的是一种长期主义理念。在创业初期，链家也和其他房产经纪公司一样吃差价，这几乎可以理解为是出于一种商业意义上的"本能"——既然容易的事有钱赚，为什么不

---

[1] 张玥：《左晖和他的贝壳，改变了什么？》，南方周末，2021-06-10，http://www.infzm.com/contents/207839。

做呢？长期主义告诉我们，当和消费者背道而驰的时候，短期或许可行，但长期来看生意没有办法持续。最终，我们还需要回归到正确的事情上，而正确的事，往往是很难的。这也是为什么左晖一直坚持推动行业良性发展，它虽然难，但做成了，长期的生意也就成了。

"左晖是能站在五年之外跟你对话的人"，北京链家总经理李峰岩曾这样评价[1]。作为一个长期主义者，左晖拥有十足的耐心："我现在的商业逻辑是，目前做的一切是为10年后做准备，做好准备之后，静静地等着它开花结果，我远远在一些地方等着消费者赶上来，等着消费者开始买单，等着消费者开始喜欢这些东西，喜欢这些真正有品质的东西。"

当然，相比于空喊口号，真正践行长期主义却并非易事。

一方面，需要"目及长期"的敏锐洞察力，站在更高的角度，去对行业乃至社会未来的发展趋势进行正确判断。左晖将其称为是一种"超出自己所处位置来看问题"的能力："比如，我作为公司，能站到行业的角度；我是一个行业，能站在国家的角度；我是一个国家，能站在全球的角度。"在某种程度上，一个企业家的思想高度决定了企业成长的高度，企业与企业之间的竞争是不同"维度"之间的竞争，"高维"去打"低维"的"非对称竞争"，仿佛像是拥有了"上帝视角"，能够实现长期持续的正向积累[2]。

站在链家的视角，"消费者至上"相比于过往的"成交为王"，是更具有长期主义视角的理念。片面的"成交为王"是打着满足消费者

---

[1] 何伊凡：《一个长期主义者的底层逻辑》，盒饭财经，2020-08-17，https://baijiahao.baidu.com/s?id=1675243135910177576&wfr=spider&for=pc。
[2] Runwuse 创新咨询：《做难而正确的事：李善友剖析左晖》，知乎，2021-08-13，https://zhuanlan.zhihu.com/p/399457729。

利益的幌子，满足企业获利的目的，无法真正为消费者提供他们所需要的真实、准确、丰富、及时的物件信息，专业、诚实、努力、友善的经纪人，可体验、可评价、可衡量的服务标准。与之相较，"消费者至上"则通过消费者的激励实现品质的正循环，进而涵养行业持续发展的动力。因此，链家一直以来的服务标准都紧密围绕着"物""人""服务"三者展开，"先让自己变得更好"逐步发展到"让行业变得更好"。

另一方面，坚持长期主义还要求企业有坚定的意志与过硬的实力，因为这意味着需要与短期利益进行取舍。左晖曾坦言，在中国做生意的确有一个困难的地方："受益于过去二十年中国经济崛起，很多产业发展很快，即使产业效率并没有提高，消费者体验也没有提高，但不妨碍这个产业能够非常快速地成长。在这种情况下，企业只需要跟着大潮流，不要掉队就能发展起来。但这对于一个组织来说是挺大的一个困境，当有捷径摆在面前的时候，你去选择更长远的事情挺难的。"[1]

在行业上升期仍坚持长期主义，除了企业家自身的战略眼光，还需要有强大的、价值观驱动的组织能力，让整个组织共同看向一个更长远的目标。"我们希望带来的核心价值到底是什么？整个组织要回答清楚这个问题，同时保持高度的共识。这是我们非常在意的事情。"相比于外部发生的任何事情，解决内部关系对于企业而言往往更加重要。而链家，正是在整个人才培养过程中高度融合对于企业价值观的渗透与讨论。

纵观链家的"逆行史"，无论是"不吃差价"还是"真房源行动"，其后都伴随着一段时间的无收入期。对于企业而言，当生存与效率受到严重挑战，如何坚持长期主义？左晖认为，"度过无回报期需要两

---

[1] 石福元：《专访左晖：我们永远不让自己特别舒服》，虎嗅，2020-08-14，https://baijiahao.baidu.com/s?id=1674958308663492403&wfr=spider&for=pc。

种力量：一是相信的力量，坚信品质正循环的努力方向是正确的，坚持做下去消费者一定会回来；二是激励的力量，经纪人做了正确的事情就会得到消费者的激励，消费者的激励可以促进经纪人努力提升自我专业素养，并为消费者提供更好的服务，从而形成正循环。"但实际上，其中还有第三种力量，那便是资金的力量。坚持长期主义需要有足够的资金作为底气："长期主义还要求资金比较充足，不要让自己处在一个很难受的状态，这种情况下你会更踏实地把心放下来，不断创造更长远的价值。因为这条路比较难走，走的人比较少，而如果你坚定地走了，就可以享受比较长期的增长。"

作为一个长期主义者，左晖的目标不是追逐瞬间灿烂的烟花。且看他坚定的目光始终望向远处，便可知，一个内心坚定的掌舵人，很少因为外部因素和困难而改变航线。在他的世界里，所念即所向，所向即将所至。

064 I 正道艰难：新居住时代的进化逻辑与制胜心法

心之所向，行之所至

持续创造价值，这是左晖对链家的要求。

如果说，超前的战略眼光是左晖最鲜明的特点，我们不禁要问，究竟什么才是对一个企业长期发展来说最核心、最关键的目标？如果说，"难而正确"是企业的决策标准，究竟什么才能称之为"正确"？

对此，左晖一直苦思冥想，思考的强度非常大。尤其在 2009-2010 年间，他几乎每天晚上都要深夜才离开公司，花大量的时间，来思考和讨论这些关于企业的本质、企业愿景等"抽象"的东西。当时公司离他家开车大概十几分钟，但是他为了节约这十几分钟的时间，每天睡在公司楼下的酒店里。有时候，他甚至会半夜两点惊醒，在床头准备好纸和笔，赶紧记录下瞬时的想法。[1]

所以，什么是链家的本质？左晖耗费了无数心血追寻的到底是什么？

时间跳转至 2016 年，链家终于在一次分享中给出了他的答案。当年，链家首次突破万亿 GMV，放眼全国，仅次于阿里巴巴。对比初创时 27 人的小店，当时的链家是具有超过 13 万经纪人、业务覆盖 28 个城市的

---

[1] Runwise 创新咨询：《做难而正确的事：李善友剖析左晖》，知乎，2021-08-13，https://zhuanlan.zhihu.com/p/399457729。

巨无霸。在此背景下，左晖在中城联盟论坛上做了一个演讲，题目叫"这个社会需要链家吗？"在演讲中，左晖和观众分享了他持续多年思考的问题，"我们（链家）存在的意义到底是什么？链家到底给社会创造了什么价值？有链家或者没有链家，社会会有什么不同？"

对此，左晖给出分析是，对于企业而言，盈利其实不重要，行业效率的提升与社会价值的创造才是企业更应该关注的事情。"只要你提供了价值，盈利是早晚的事情。盈利不是你去拿的，而是你创造了价值，价值哪儿来，它是组织成长带来的。所以如果组织不成长，今天不创造价值，明天就没有价值了，所以需要为消费者持续去创造属于组织的独特价值。"[1] 在左晖看来，一个企业真正的使命永远是通过组织自身的成长，为社会持续创造独特的价值。当一个企业紧盯着盈利，它的目光始终是短视的，终究无法摆脱其面前的局限性。只要真正从行业的角度去思考自身能够提供的价值，并持续输出对社会的影响，盈利便是水到渠成的事情。

当我们回顾链家一次次向上跃升的发展史，就会发现，链家的成长就是这样一个性感的故事。一般而言，传统企业的互联网化自我革命，由于背负沉重的肉身，往往难见变革成效。尤其是链家所处的房地产交易领域，重线下，规则复杂，流程漫长，在消费互联网上半场的巨浪席卷之下岿然不动。然而，就是在这样的背景之下，左晖却凭借其持续的思考成果成功掌握撬动产业互联网的杠杆。当其他公司都在思考如何存活或者提高市场占有率的问题，他思考的却是一条关于行业效率、社会价值的路径。在这种深度的价值思考推动下，链家完成"楼盘字典""真房源"等服务品质的提升，并最终在外部竞争与内部成

---

[1] 李尧：《左晖的到来和离去》，可研智库，2021-05-21，https://baijiahao. baidu.com/s?id=1700376637982789809&wfr=spider&for=pc。

长的双重作用下脱颖而出。

这些简单、专注、持续的目标及推进背后，是他对世界和中国房地产发展阶段、经纪行业发展阶段的客观认知和笃定的判断。比如，对于房产中介行业的物（即房屋），他坚信"人均 GDP 超过 8000 美元后不动产新增投资额会下降，房地产消费市场会转为以存量住宅交易为主体"；对于房产中介行业中的人（即经纪人），他提出"在地产行业，经纪人应该是核心资产，但现实却是易耗品"；对于房产中介行业中服务，他认为"C 端会变得越来越重要，因为房地产领域过去 20 年成长太快，消费者利益受到极大忽视，但未来这种局面会改变"……这些观点支持着链家做出每一步的改变。

这些富有远见的认知与洞察，一方面来源于左晖在行业内的多年实践，但另一方面，对于这些问题，他也引进了更加专业的外援。从 2008 年起，左晖开始深度思考行业的本质。当时，链家花巨资请 IBM[1] 做咨询，开启了现代企业管理实践。一个人看他能不能做企业，就看他有了钱之后的一个状态，是安于享受、停滞不前，还是继续投入自己的企业。而左晖最终选择了继续投入自己的企业。据他说，当时链家的营业收入只有五六亿元，赚的钱几乎都给 IBM 做了咨询费，来研究公司的战略、使命、愿景、价值观，以及如何把战略落实到企业内部系统中。

在多年的行业实践观察与现代科学管理方法的结合之下，回顾之前链家的几次关键成长，左晖终于明确链家发展的核心，"对用户好""做难而正确的事"，而公司的组织架构、产品和愿景也最终都体现了这个团队的核心价值观：帮助百万居住服务者收获尊严，让中国 2 亿

---

[1] 国际商业机器公司或万国商业机器公司，简称为 IBM(International Business Machines Corporation)。

家庭未来住得更好。

　　左晖的心之所向，是更美好的居住，是行业效率，是社会价值。在不同的时间里，左晖和链家都在做不同的事情，但是这些事情都围绕着一个大方向，左晖称之为是一种"使命感"。"商业最主要的就是你会被一种画面感激励。在做这个事情之前，你心里会有一种画面感，这种画面感如果能够实现的话，你觉得你自己会得到非常大的满足，非常大的激励。这大概就是一种使命。"在这样的美好画面驱使之下，左晖将所向一步一步转变为所行，于是走出了一条令人刮目相看的革新之路。

第五章

成为有尊严的服务者

作为经纪人，如何才能得到尊重？很多人在思考这个问题的时候会采取一种外部路径，从消费者的角度入手寻找答案。但是，左晖则是强调对内归因的重要性。用查理·芒格的话说，"你要想得到什么东西，最好的方式就是能配得上它"。换言之，想要得到消费者的尊重，最佳方式是让自己配得上被尊重。比如，需要有好的服务精神、好的交流状态、好的专业性等等。在这样的氛围下，首先同事之间便会形成更加深度的相互尊重，进而整个组织的气质也会在点滴的积累中慢慢发生变化。

行业的改变，从链家开始

"帮助经纪人更好地服务消费者"，这是链家对自身定位的认识。

链家经过长期地梳理各个利益方之间的关系，包括链家和用户、用户和经纪人、经纪人和链家、经纪人之间的关系……有很多关系在后来都被完全颠覆了。其中，经纪人是这些关系需要突破的关键点。

房产中介行业似乎是一个充满原罪的行业，彼时，关于其乱象的段子层出不穷，诸如"没被黑中介骗不算在北京混过""这些年谁还没被房产中介骗过"等调侃的背后，是糟糕的职业形象。实际上，社会评价的一地鸡毛与整个行业对于经纪人工作的忽视不无关系。在传统的经纪领域中，大家的核心思路普遍比较短视，都在"拼规模，当猎人"，把客户视为猎物，拼谁的子弹多，谁打的枪多。在这样的行业环境下，经纪人普遍没有尊严，因为不得不骗人。新手和老手的差别就是老手底线更低，骗人时面不改色，但心里知道。因此，新手往往眼神躲闪，不敢直视客户。

这种站在用户对立面的模式严重阻碍了整个房产中介行业的发展。2005年，左晖在清华大学参加总裁班课程，其中一位台湾的商业管理前辈的话形象地描述了当时房地产经纪人的处境。"经纪人应该是企业的核心资产，但现实却是易耗品，就像毛巾一样，拧干一条再换一条"。[1]
这个庞大的群体长期面临着平均从业时间短、流动率高、行业收入方
差大等问题，"经纪人平均每人每年成交 3 套房子，但这个行业的从
业周期平均只有 6 个月，相当于入行 6 个月，卖 1.5 套房，然后就要换
行。"[2] 在这种情况下，经纪人和消费者之间几乎必然是单次博弈。
尽管缺乏信任的单次博弈可能让个别经纪人赚点小钱，但从长期来看，
一次次令人失望的不断降低着房产中介提升服务水平、实现长期职业
化的可能性与重要性，这对于整个房产中介的行业形象来说是毒瘤般
的存在。

很多人认为，随着互联网的发展，房地产行业的去中介化也会不
断深入，买家卖家能够实现直接交易，避免中介费。然而，只有深入房
产交易行业的人才会明白，由于这个行业非常复杂，具有重决策、低频、
交付周期长的特点，经纪人的角色至关重要。这也是经历互联网多轮冲
刷之后，传统房地产中介企业仍能屹立不倒的原因。因此，左晖不但
没有弱化经纪人的价值，反而加大了对其的投入。在他看来，房产中介
行业未被替代却停滞不前的核心问题，正出在企业与经纪人的关系上。
经纪人实际上是一个庞大而重要，却长期被忽视的群体。

如何理解经纪人这个群体？左晖认为，"经纪人是提供给消费者
产品的载体"。房地产行业最大的供给侧改革——供应链的优化与升级，
实际上可以理解为一种人的改革，因为房产中介服务的体验很大程度上
就依赖于经纪人的服务能力。因此，房屋中介机构向消费者提供的核
心产品与其说是房子本身，不如说是经纪人的服务能力。经纪人的服

[1] 李翔：《详谈左晖：难而正确的事》，新星出版社，2022 年 11 月。

[2] Runwise 创新咨询：《做难而正确的事：李善友剖析左晖》，知乎，
2021-08-13，https://zhuanlan.zhihu.com/p/399457729。

务能力高低，很大程度上会影响一个企业长期的用户口碑与业务情况。同时，经纪人进入行业之后，面对怎样的职业教育与就业环境，也将会从根本上影响行业的发展路径。

既然如此，如何整体地管理经纪人的服务能力？一方面，经纪人群体数量庞大，链家自身签约经纪人便达数十万。另一方面，随着消费水平的不断提升，消费者对服务者的质量要求也越来越高。在此背景下，正确处理企业与经纪人的关系、保证经纪人的服务水平达标，便成了一个巨大的课题。对此，左晖有很多思考："我们很早就提出这个命题了，经纪人到底是我们的员工，我们的客户，还是我们的产品？其实，这三个角色也许都有，我觉得这个视角非常重要。"当整个组织建立这种视角，管理者便能够跳脱出传统监督与控制的思路，开始思考经纪人需要的是什么？企业如何才能满足他们的一些核心需求？消费者需要的经纪人又是什么样的？两者之间是否存在一些矛盾？事实上，国内大部分经纪人也确实是客户，只不过不是需要服务的客户，是需要买保险的客户。其中，大量的"孤儿保单"、自保件，便是一种无声的证明。

因此，左晖认为，关键是要为经纪人提供更多的支持与保障，让经纪人能够在这个行业中安心奋斗，其积极影响最终将会惠及每个消费者。"一个经纪人进到体系来，其职业规划到底是怎样？如果我们把这件事想清楚，我们所有的举措和思考都是围绕让经纪人能更好发展，能安身立命，能因为进入企业而使自己家庭和家族发生不一样的变化。那么，这个企业想做不好都难。"[1]相反，当很多经纪人只把二手房买卖当成生计，而不是打算长期从事的职业，我们很难想象他能够提供一个多好的服务。

[1] 李红梅：《左晖的变与不变》，中国房地产报社，2019-09-25，https://www.sohu.com/a/343367608_175523。

左晖曾经描绘过未来经纪人群体的三大特征：一是从蓝领到灰领，很难说是白领，但"白"的成分会越来越大，对知识、专业性的要求会越来越高；二是底线低、成交为王的经纪人，竞争力会越来越弱，服务型、木讷老实和女性经纪人，竞争力会越来越强；三是很长时间经纪人的主体都是社会的新人[1]。上述三种特征仿佛在表达着同一个态度——"中介行业是时候做出一些改变了"。

长期在恶性循环中的房产中介行业恰如大雨将至，乌云密布。它正在等待的是一声雷鸣，是一场风暴，是畅快淋漓的冲刷与革新。当每个机构都在争取黑暗前的最后一秒，只有左晖站了出来，"既然没有人做，那就我们来吧"。

---

[1]一勺言魔法袋：《改善行业供应链》，新浪新闻，2020-03-24，http://k.sina.com.cn/article_6518875398_1848e250601900ndq8.html?from=finance。

经纪人的职业尊严感

提升经纪人的职业尊严感，是左晖对于经纪人职业革新的核心理念。

对于经纪人的尊严感，左晖提出了"服务者价值"的概念，在他的设想里，经纪人不单纯只是生产与销售过程中的工具，更是一个个活生生的人。这个概念是如何形成的？这还要从链家门店曾经发生过的一件事说起。

有一天，一位链家店长碰到有客户到店里投诉闹事，结果店长二话不说，直接给对方跪下。在向上级汇报的过程中，他甚至还认为自己"很好地解决了问题"。这是一种让人目瞪口呆的处理方式，也是左晖完全没有想到的状况，"我一直觉得自己是一个比较有同理心的人，但这件事还是大大超出了我的预期"。当时，左晖就在想，服务者在组织里究竟能够获得些什么？

"可能当时通过跪下，那个经纪人能把这个问题解决了，但是5年、10年之后，他回想起这段经历。心里肯定不是很舒服。如果组织能够有更多的责任，能够帮助大家学会跟这个社会相处，员工就可以过得更好一些。"左晖的一席话相对温和，但他对于改变这种情况的决心是坚定的。实际上，类似的事情很有可能每天都在发生，究其根本，是大家的职业尊严感不够。左晖认为，经纪人的自尊不够，同时经纪人得到的尊重也不够。如果不能从根本上解决问题，如果经纪人没有办法赢得职业尊严，那么，这项事业终究是没有意义的。

作为经纪人，如何才能得到尊重？很多人在思考这个问题的时候会采取一种外部路径，从消费者的角度入手寻找答案。但是，左晖则是强调对内归因的重要性。用查理·芒格的话说，"你要想得到什么东西，最好的方式就是能配得上它"。换言之，想要得到消费者的尊重，最佳方式是让自己配得上被尊重。比如，需要有好的服务精神、好的交流状态、好的专业性等等。在这样的氛围下，首先同事之间便会形成更加深度的相互尊重，进而整个组织的气质也会在点滴的积累中慢慢发生变化。

因此，左晖率先提出了经纪人的两大基本素养：一是职业操守，二是专业性。一方面，左晖十分看重员工职业操守的建设。链家的业务员签单成功后，会在企业论坛里发帖子感谢同事，但没有一个人感谢过自己的客户。他清楚，大部分的客户实际上是基于对链家品牌的信任而给予业务员一个机会，"怎么回报这种信任呢？他认为，只能是练就令人尊重的职业操守"。具体而言，注意自己的行为举止；要意识到情商的重要性，学会吃亏，在某些时候舍弃自己的利益给别人说明你的目标高；与其被动接受不如主动选择。另一方面，左晖认为专业能力也是非常关键的。实际上，经纪人面对的是一个信息冗余的工作，需要一定的专业性。一是需要有经验，二是需要言之有据。

如此简单的两个特质，成了链家早期经纪人竞争力的基础。但是，更加现实的问题是，如何确保经纪人做到以上两点？在左晖看来，企业需要深度解决员工内部体系的问题，如果只是从表现形式上进行要求是不稳固的。

于是，左晖找到了激励的价值。对于上述问题，华兴资本集团创始人兼首席执行官包凡曾经跟左晖有过深入的探讨。包凡发现，"左总是特别擅长设计规则的人，而这种规则的设定，是基于他对人性的深度洞察与理解。再退一步说，他本质上应该是一个尊重人性的人"。

什么是人性？左晖为这句话接上了下半句，"人性的本质就是需要被激励"[1]。这其中的激励既包括来自消费者的激励，也包括来自企业的激励。因此，管理者只需要顺势而为，把这种激励在一个一个画面里，在一个一个场景下面做到就可以了。从另外一个角度看，这也是一种荣誉管理。每当重新获得消费者的认可时，经纪人就能得到激励。"他们一旦得到消费者的激励，就再也回不去了"，因为这种激励是良性的、积极的、正向的，"房产中介行业本身是一个激励人的生意"。这也是为什么，链家开拓深圳市场的时候，没有选择在本地招募员工，而是从北京调了1000多人去深圳。因为这些经纪人曾经被消费者激励过，不管在新的市场上遇到了什么情况，"这些人知道只要坚持一段时间之后，信誉所带来的竞争力是其他人、其他方式很难获得的"。

如何让经纪人相信长期主义的价值，最好的方法就是让他们通过实践获得激励。这是超越行业的认知，这种超越出于坚守常识。在一次访谈中，左晖曾经描绘过这样一个日常且抚慰人心的场景："他正在这里干着活，外面来了一个大妈，端着一盘饺子，对他说'怎么还没下班'，把饺子给他吃，这是真正激励他的事情。"左晖相信，人心换人心，只要常年如一日地提供品质服务，消费者会正反馈的。这是链家的经营哲学，企业培养了一批相信这件事的人。"相信是一种力量"，在左晖的世界里，诚实、正直、友善这些美好的人性能够创造属于平凡人的尊严与成就。特别是当一个人真正受到了正向激励，他会如马斯洛需求层次中所言，不断向更高的价值进发，去实现自我的价值。

---

[1] Runwise创新咨询：《作难而正确的事：李善友剖析左晖》，知乎，2021-08-13，https://zhuanlan.zhihu.com/p/399457729。

在保护消费者的权益前提下，经纪人有权力选择最尊严的方式执业，有权力不被窃取在一个服务中所付出的努力。过往，行业风气让这一切犹如天方夜谭；往后，只待雨过天晴，照见每一位服务者的澄澈初心。

链家不需要"孤胆英雄"

经纪人合作网络[1]，是链家在服务者层面的核心竞争力。

房地产经纪是一个网络效应非常强的行业，当一个企业拥有更多的货源（*房源*），就有更多的买家，然后就有更多的卖家，也会有更多优秀的经纪人。然而，左晖却发现，在链家之前，没有一个品牌在一个城市的二手房交易市场上的份额超过14%。这是一件很奇怪的事情，网络效应很强，但是没有品牌能够做大。

当我们细看房地产经纪这张大网，会发现，这张大网里实际上存在着三到四张独立的子网络，包括买家和卖家之间的供求关系网络、经纪人和客户之间的服务关系网络、经纪人和经纪人之间的内部合作网络。其中，经纪人和经纪人之间的内部竞争是一些阻碍房产中介发展的重要因素。

在过去，房产经纪人一人负责完整的一单，所以抢单的现象时有发生。当整个行业的从业者之间的竞争大于合作，那么效率与品质都会大大降低。以金融行业为例，金融机构之间向来也会存在竞争，但他们背后彼此是一个信用联盟，一家银行的倒闭会导致所有银行被挤兑，

---

[1] Agent Cooperate Network，简称"ACN"。

因此在竞争的背后实际上会有一个合作的共识。但是，对于房产中介行业而言，这种共识要弱得多。换言之，其实在整张大网中很多人漏掉了一张重要的网络，那就是公司和经纪人之间的内部赋能关系网络。

实际上，房地产交易是一个典型的多边角色协同服务增效模型，整体最优大于个体最优，个体最优长期看和整体最优是高度吻合的。"如果大家能够建立对平台的信任，组成一个比较有效的合作网络，就能改变'零和博弈'的现状。"

如何才能构建这样的合作网络？合作依赖信任。信任一方面依赖于规则和承诺，另一方面更多是共同价值观的体现。因此，链家在早期便开始通过网络技术、数据管理、企业文化等手段来建立机制，使合作网络能够尽可能达到最大的效应。这也是后来贝壳著名的ACN理论在链家早期的应用，它实际上正是来源于链家在第一个十年对一万名链家经纪人推出的内部客源管理机制，核心在于把整个服务链条细化，根据经纪人在各个环节的贡献率进行分佣，算是ACN的雏形。早期这个系统就开始有模块化的概念，实现了逻辑上的分工拆分。经过数年的进化，ACN网络逐渐成形，后来正式以"ACN"之名随贝壳共同问世，它才被大家所熟知。

ACN网络的核心价值是"保护每一个正向行为的权益，实现一笔交易中每个角色的高效协作"。这实际上是一种多家委托制度，相比于过去一套房子只能由一个经纪人卖，ACN网络允许一套房子由多个经纪人来卖。在整个网络中，经纪人按照一定的规则把房源信息、成交信息、房价、活动量、业主动态等有效信息与其他经纪人进行共享，大家合作分工一起卖房，再根据具体的贡献度进行分佣。具体而言，相对于过去的一单到底，该系统把一套房源利益相关经纪人的工作模式分割为房源录入、带看、房源维护、钥匙保管、委托备件、房源实勘、客源转介绍和客源成交人等多个环节，经纪人在每一个节点上做出贡献都可以取得回报。在这种合作机制下，卖出一套房子就不是以前一位经纪人单独行动的事，而是一个团队协同作战，而且在开放的平台、共享资源信息之下进行合作。

从本质上看，ACN网络提高了服务的流通效率，从一个人、两个人到双边多个人，一套房产能够接触的信息流动效率大大提升，最终受益的不仅有买卖双方，还有中介公司和经纪人自身。经过多年的摸索，ACN网络成功打破人、房、客之间的连接壁垒，很好地把过去"点对点的竞争"转变成了"边与边的合作"。在执行具体策略的过程中，经纪人与经纪人、经纪人与企业之间的信任也被逐渐构建起来。左晖透露，链家的经纪人会在拿到房源的一个小时之内将房源上传至平台，而不会将房源握在自己的手中，都是基于这样的信任。

有人评价，相比于"个人英雄主义"，左晖的经营哲学更接近于"群狼战术"。因此，在招募员工的标准上，链家也有在寻找一些更善于合作的人。在左晖看来，虽然传统中介看上去和链家类似，但二者挑选和培训经纪人的原则大相径庭。

传统中介长期受"香港模式"浸淫，信奉"成交为王"喜欢那种口吐莲花、能拿下客户的大Sales，链家则从根本上反对"香港模式"，信奉"程序正确"，喜欢那些专业但不会忽悠的经纪人。"链家的经济哲学是不要'能干'的经纪人。因为我们认为，凡是'能干'的经纪人更多都是他自认为'能干'的经纪人，凡是自认为'能干'的经纪人更有可能是自私的经纪人，凡是自私的经纪人都是不太与人合作的经纪人。我们要的是那种，自认为比较弱的人。只有比较弱的人才需要别人帮助，需要别人帮助，才会去帮别人。这是我们的基础理念。"

古语有云，"人心齐，泰山移"。当先人的谆谆教诲与近在眼前的个人利益纠缠，是否能够做出长期更有价值的决策更考验一个人的格局与魄力。在左晖的带领下，链家这艘巨轮正在风雨中缓缓向前，从容不迫的背后是过人的判断与能力。如今，在合作网络的加持下，每位船员都在为这次航行贡献百分百的力量。因为左晖深知，能够惠及更多人的目的地，才是更有价值、更可实现的终点。

塑造值得奋斗终生的职业

二手房交易经纪人的职业化发展，是链家对于这个行业的期望。

经纪人通过消费者和企业品牌带来的正向激励，实现服务能力与自身职业尊严感的正循环，这实际上是一个更偏个体的视角。当我们把目光投向作为群体的经纪人，从时间的角度来看待经纪人的职业发展，企业还有其他一些事情需要考虑。

在实现品质的正循环之后，经纪人仍需要更多来自企业、来自行业的支持，需要更明确的职业发展路径与职业保障，帮助经纪人将多年的从业经验沉淀为在行业中的知识体系与竞争力。在工作过程中收获物质上与精神上的满足，促进经纪人工作从一个平均从业时间不到 6 个月的状态，转变为一个值得长期奋斗的职业。归根结底，经纪人的职业化发展最终将成为品质正循环的催化剂，让专业性与工作热情在其中循环得更加顺畅。

在这样的目标驱使之下，链家建立了一系列的措施，从员工招募、人才培养、行业保障等方面全流程为经纪人建立职业安全感与归属感。

首先，在员工招募方面，链家率先提出经纪人要招本科生。在左晖眼中，一个接受了 16 年制标准教育的学生，他在选择工作的时候一定会有更多的考量，最终选择经纪人这个职业也承担了更高的机会成本。而这种机会成本，在未来大概率会转化为服务工作中的更有底线和更认真。同时，从另一个角度看，更高素质的人才不仅能够给客户端带来更好的体现，对于公司内部管理而言，还能够大量节省管理上的沟通成本。因为，当一个企业内部的员工素质普遍较高，他们之间能够形成更强的信任感，而这种内部的信任感是一个企业稳定发展的基础。

其次，在人才培养方面，链家建立了完备的人才培养与职业培训体系。从长远的角度看，人才培养是相比于职业培训更加有价值的事情。二者关系好比道与器的关系，前者能够帮助经纪人看到未来个人发展的目标，进而产生更多提升的动力，后者则更侧重具体业务知识的教授。在培训课程设计过程中，左晖更加关心的是经纪人对自己职业的规划和思考。在很长一段时间内，左晖会对新入职的经纪人上一堂课，核心就是"经纪人首先要对自己负责，通过自我奋斗，在体系中收获自身的成长"。

链家培养经纪人的目标是置业顾问，能够通过对购房者财务状况、市场走向的分析，解答涉及"租、售、换、贷、投"五类需求的具体问题。"在整个行业尚未具备标准化的可能时，链家已经建立起自身的培训体系，包括 30 天通关、90 天通关、180 天通关、店长通关。每个员工都必须在一定时间内达到一定的水平。"以针对应届毕业生的新人培训"链人计划"为例，该培训通过 30 天带薪脱岗培养体系，将企业文化与具体业务类课程结合，设置大量的研讨活动，多方位助力新人学习成长。而如今，经过多年的培训，链家的经纪人在其他中介中已经有较强的竞争力。"我敢说算税费全北京没有哪家中介比链家算得快。"左晖对此非常自信。

另外，在行业保障方面，左晖强调，要给经纪人安全感。其中，安全感来自三个方面：较高的底薪、较好的保障和提供支持服务。为了让本科生心甘情愿从事这份比较辛苦、目前社会地位不高、对个人能力要求又很高的事情，左晖提出了一个数字——1.2，要让经纪人群体的平均工资是社会平均工资的 1.2 倍[1]。当然，这不是单单工资就能解决的问题。左晖认为，钱不是保留人才的核心要素，核心要素是他们要从这个职业中获得快乐与成长，这才是真正能激励到年轻人的事情。为此，链家为经纪人提供了一个开展业务、接受培训和精神建设的场所，是一个"办公室＋学校＋教堂"的集合体。左晖认为这对经纪人群体非常重要，"如果经纪人希望在短期内获得非常高的收益，甚至凭借种种不合规手段，在这个行业一定很难长期地做下去。我们也希望大家都以一种很好的理念，在这个行业里面持续发展下去。"

在一系列措施的帮助下，经纪人的安全感得到提升，从业时间也大幅上升。更重要的是，在规范化培养的过程中，整个企业内部的团队氛围与外部的整体形象都趋于正向变化，并在门店所属的一定范围内形成一个良好的口碑。"我们从事的是社区服务行业，一个社区友好的形象有助于我们的事业。经纪人及门店是社区服务体系的重要组成部分，应该是社区里最积极、最热心、最友好的成员。经纪人的价值来自于在社区居民中的口碑，这种口碑带来了信任。"当这一批在社区内有深刻人情关系的经纪人进一步相互连接，将产生怎样的能量，我们可想而知。

怎样的职业是一个值得奋斗终生的职业？它一定是经过深思熟虑的决定，能够持续给从业者带来物质与精神满足的工作，同时，个人能够在其中得到不断的成长与提升，最终一定程度上实现自我的价值。这是一件宏大的事情，而左晖坚定地把它变为了现实。尽管整个行业仍存在很多问题，至今无数行业同仁仍在与之斗争。但左晖就像一位先行者，在行业混沌期立下了鲜明的标杆。

---

[1] 极客公园：《左晖离开了，但他的世界观胜利了》，百度，2021-05-20，https://baijiahao.baidu.com/s?id=1700285119491311029&wfr=spider&for=pc。

第六章

拓展业务线，精益求精

　　一个正能量、强凝聚的团队是一个企业最宝贵的财富。深谙这一点的左晖，面对迅速扩张的插曲不断反思，希望从根源上重整旗鼓，再次启航。面对内部危机与外部压力，左晖选择了向更专业的团队咨询。而这，也即将开启链家更高层次的旅程。

自如：房子是别人的，生活是自己的

2015 年，自如从链家拆分，成为链家体系中专注资产管理业务的子公司。

这一年，可谓是租赁市场前所未有的"风口之年"，中央经济工作会议明确提出要发展住房租赁市场，建立购租并举的住房制度。住建部房地产市场监管司原司长高志勇当时称："这也是历史上第一次，在如此高规格的会议上提把房屋的租赁和买卖市场放在同等重要的位置。"在此政策红利的推动下，住房租赁市场风起云涌，各路资本、企业、金融机构相继涌入，更有多家互联网企业试图发挥线上的流量优势抢占市场。

不同于其他互联网租房业务以建立信息发布渠道、收取端口费为主的商业模式，也不同于传统开发商以独栋商业楼宇包租改造的集中式运作形式，自如凭借自主品牌 B2C[1] 模式下的分散式长租公寓服务，仅用一年的时间，迅速发展为国内规模最大的房屋资产管理公司，并顺利向城市生活服务的综合运营商转型。截至 2016 年 6 月，自如拥有

---

[1] B2C（Business-to-Customer），指直接面向消费者销售产品和服务商业的零售模式。

的房源数量超过 20 万间，租客累计数量超过 50 万人，年租金 45 亿元。[1]

很多人觉得，自如的发展非常"快"，但不知道的是，链家为自如的架构梳理了六年。有人说，左晖是提前踏准了时代的节奏，在市场格局中占据了有利地位。然而，他却表示："链家当初涉足租赁市场并没有觉得这个是风口，而是因为看到行业的痛点"。

2010 年，时任 IBM 首席战略咨询顾问的熊林加盟链家，随后，熊林一手打造自如项目，并一直担任自如的 CEO。自如的诞生始于熊林和左晖的一场"头脑风暴"。这场被业内评价为"链家版庐山会议"的讨论至关重要，影响了左晖后期对于房屋租赁市场的布局。

当时，面对互联网势头渐起、地产行业告别"黄金时代"的市场压力，左晖一直在思考"如何干掉链家"，并向链家管理层抛出问题，"如果我们这些人出来创业，要如何才能打败链家？"从 2010 年开始，链家每年办两次战略研讨会，与会高管被分为实力相当的两队，一队目标是用互联网思维干掉链家，一队则作为传统中介想办法应对互联网的攻击。"互联网派几乎取得了压倒性的胜利"，唯独有一次，在 2011 年的闭门会上，传统中介爆冷胜出。更重要的是，此次"头脑风暴"诞生了不少有趣的"脑洞"，比如如何利用互联网做二手房和新房，如何通过互联网重塑房屋租赁市场。[2]

自如的模式由此诞生。所谓"打铁趁热"，2011 年 5 月，链家启动自如业务；同年 10 月，自如业务部正式建立。

随着业务逐渐深入，左晖发现租赁市场不同于二手房市场，这个行

---

[1] 李贝贝：《熊林：2017 年，自如增长率要超过 100%》，澎湃新闻网，2017-02-09，https://www.thepaper.cn/newsDetail_forward_1613833。

[2] 关雪菁：《链家如何变成了贝壳》，虎嗅，2018-11-09，https://wwww.huxiu.com/article/271051.html。

业发展的最大阻力不在于房源搜集的困难，而在于房源品质的参差不齐、租客居住体验差。一般来说，租赁市场的供应房来源可以分为私人和机构两种，国内租房供应房核心是私人住宅，专业租赁机构的渗透率不到5%。然而，个人相比于机构往往对出租房的建设投入更小，这就造成了出租屋的质量普遍较低。实际上，单看北京市场便不难发现，出租屋一般是旧房、毛坯房。即使品质好一点的房子，经过几年出租，装修家具也会毁得很严重。左晖指出："不投入就很少有匹配的租赁产品，导致租赁品质不够，市场不稳定。所以需要很多机构参与，因为机构会看得更长远一些，会更愿意去投入，机构化投入之后品质会提高，整个系统变得更稳定，只有这样才真正解决让租赁成为一种生活方式的问题。"

于是，背负着重塑房屋租赁市场的重任，链家决定用互联网模式改造传统租房市场，把居间服务升级为资产管理服务，重点完成两个方向的升级。第一，调整商业模式，从 C2C 转变为 C2B2C。自如以品牌平台方的角色进入，加上统一装修、统一管理的经营模式，提升租客的居住体验。第二，延伸服务链条。原先的租住服务链条很短，租客从房东那里拿到钥匙后，剩下的只是催收房租、水电费。自如与用户的连接始于看房，但后续的环节还有围绕租住生活的一整套服务体系，涵盖保洁、搬家、维修等等，一步步推动了租住周边服务的标准化、流程规范化和价格的透明化。

当然，这也意味着，自如要走向一个可能比中介还"重"的发展路线。实际上，熊林也认为，虽然是链家的事业部，但自如却不是中介，而是一家租住服务机构。自如以长租模式起家，以"服务和产品"为核心，其架构除了部分销售单来自线下，管家体系、网站、App、微信、呼叫中心、维修团队、保洁阿姨团队、自己的工单系统，全部是一家服务机构的逻辑。在此逻辑下，产品与服务的品质是核心。

由于整个链条的规模化和标准化程度较低，自如开启了"重"中之"重"的自我创造之路。在产品标准化上，自如希望供应商能够在14 天时间内把一个标准住宅给提供出来，然而市场上的装修公司都满足不了这样的实施要求，于是链家便自己做家装。在服务延伸上，自如希望寻找租住过程中的服务供应商，比如保洁、维修、搬家等等，然而市场上也没有效率高的专业服务机构，于是链家又自己做保洁。为此，左晖曾笑称："我们今天实际上是北京最大的保洁、搬家、家装公司，这意味着很大的市场空间。"

在左晖看来，要想做好这个生意并不容易，考验着运营者的管理能力等方方面面。"核心还是对消费者产生价值，未来没有什么线上的服务行业、线下的服务行业，每个人都要线上化，然后每个人都要服务落地，要垂直运营。"在出色的运营能力下，自如成了长租公寓的头部玩家，并且以租住为中心衍生出了服务、智能化等增值服务，不仅摆脱了对单一盈利模式的深度依赖，更推动中国租房市场从"住有所居"到"品质租住"的升级。

2015 年，随着国家出台一系列政策指导意见，扶持长租公寓行业的发展，自如本身也迎来了重要改变。2015 年 10 月，北京自如资产管理有限公司建立。次年 5 月，北京自如资管正式接受链家自如业务部全部业务，专心运营房子资产管理事务。如今，自如作为链家生态体系中的重要业务板块，已在 PC、APP、微信全渠道实现租房、服务、社区的 O2O 闭环，省去传统租房模式所有中间冗余的环节。通过 O2O 模式重构居住市场格局，并建立了中国最大的 O2O 青年居住社区。

"租房是能成为一种生活方式的"，左晖正以坚定的行动，把他对"美好居住"的理解逐渐变成现实。正如风靡互联网圈的《有限和无限游戏》一书中所写，"世上至少有两种游戏，有限游戏以取胜为目的，而无限游戏以延续游戏为目的"。颇具互联网思维的左晖，正在迎接他的"无限游戏"，不断在碰壁中拓展业务边界。

从万链到"被窝"，进驻装修平台

2015 年，万科和链家强强联手，成立了"出道即巅峰"的家装品牌万链。

彼时，家装行业正值上升期，短短几年间，中国家装总产值从由 2007 年的 0.9 万亿元提高至 2014 年的 1.51 万亿元，年平均复合增速约 7%[1]，增长势头迅猛。与此同时，作为长期较分散的行业，当时行业排名前 50 的企业所占市场份额却不到 1%[2]。

在上万亿的市场规模和较高的分散程度吸引下，家装市场成了很多企业想要整合的目标。于是，房企争相试水，参与者不乏碧桂园、恒大、绿地、华润置地、世茂等大规模房企；资本如饥似渴地寻找标的，土巴兔、爱空间、有住网、家装 e 站相继得到多轮融资。

万链的诞生正是链家快速切入家装家具市场、万科扩大家装市场份额的共同需求。从链家的角度看，链家凭借密集的门店分布和经纪人大军，牢牢掌握着存量房交易入口，拓展围绕交易衍生的增值服务相对容易。其中，家装家具作为房产交易后链条连带率最高的业务，

---

[1] 数据来源：中国建筑装饰协会统计数据。

[2] 贾萌：《2016-2017 年中国家装产业研究报告》，亿欧，2017-04-07，https://www.sohu.com/a/132536111_115035。

需求高达存量房交易的近七成，家装家具是其业务延伸的最佳选择。从万科的角度看，多年的经验积累、百亿级采购规模培育了万科在新房精装修领域成熟的供应商体系。在万科从房地产开发商向城市配套服务商的转型期，贴近业主端的家装市场是其理想的进军之地。如此，一个是全国最大的专业住宅开发商，一个是北京市占率过半的二手房中介头，产业链上下游两大巨头的合作具有强大的战略和资源优势互补。可以说，万科有想法，链家有诚意，两者一拍即合。

2015 年 7 月 18 日，万科、链家正式合作成立万科链家装饰公司，万科集团副总裁刘肖出任董事长。万科作为大股东持股 50%，链家持股 35%，另 15% 股份由北京佳信和信息咨询中心有限合伙持有。万链凭借两大股东的优势，一度"捷报频传"。 2016 年，万链方面宣布实现了 5000 单的业务规模，销售额达 5 亿元。2017 年，刘肖称万链的全年目标是服务 15000 单以上、销售额突破 15 亿元。

然而，从 2017 年下半年起，万链的情况却发生了出乎意料的转变。万链开始主动选择失声，此后对于业绩不再谈起。这个过程中，链家和万科都在不断反思。

实际上，虽然二者基础资源很强，但对于家装行业而言，无论是万科还是贝壳都是新手。家装分散在不同小区，与开发商批量精装是完全不同的逻辑，交付难度几何级增加。但凡在规模扩张中对产品的品控有一丝松懈，都会带来用户投诉与赔偿的频发，而这正是万链所面临的困境。对此，甚至有经纪人不愿向客户推荐万链，担心影响客户对其的信任。加之房地产行业随之而来的严厉调控对家装市场总体产生影响，万链的情况每况愈下。

面对"高开低走"的落差，左晖并没有灰心。相反，通过万链的试水，左晖成功验证了一件事，房产客户的确可以导入家装服务，原因在于大宗交易中经纪人与客户之间的强信任，足以让客户接受家装服务的推荐。至于万链的失误，主要在于产品品质的把控不到位。这也让左晖重新建立了他对于产品标准化的理解。

实际上，链家的前期成功很大程度上就来源于其在产品与服务品质的标准化与流程化复制的突出能力。然而，在不同的行业呈现出对品质把控不同程度的要求。对于房产交易服务而言，虽然它手续烦冗，但总体而言供应链相对简单。与房产交易服务不同的是，家装服务的周期更长、涉及服务流程更烦冗、参与的利益相关者更多以及供应链更复杂。这一系列因素决定了传统家装品牌为了保证品质，很难进行规模化扩张。即便行业内的头部公司目前也大多只是区域龙头，业务扩展半径有限。

这是一个令人尴尬的情况，虽然链家拥有大量线下门店渠道的客户资源，但家装行业却面临着规模化的困境。对此，思考者左晖再次以其过人的洞察力找到了破局点。一方面，只有做到产品标准化，才能实现规模化经营；另一方面，家装用户的需求又是个性化、非标准化的。因此，家装企业需要具有先进的研发和设计能力，使家装产品兼顾标准化和个性化。与此同时，由于行业服务链条复杂，传统的家装行业具有碎片化的特点，在"互联网＋"的浪潮之下，未来家装的发展趋势之一必然是整合产业链，推出包含设计、建材、施工、家具、家电、软装配饰的整体家装服务。

经过若干年的摸索，2019年，左晖以"被窝"子品牌开始重新进入家装领域，2020年推出家居服务平台"被窝家装"，此后业务持续增长。目前，被窝家装主要有三条业务线，其一是贝壳精工，也就是被窝家装的自营品牌，负责施工交付；其二是独立设计师平台；最后是整装产品，合并后的万链就是分属于整装产品，是被窝家装自营的整装品牌。该平台的整装品牌除了万链还有南鱼家装，而南鱼家装曾经也是链家旗下的家装品牌。

　　回顾左晖在家装领域的破局之路，我们可以抽象出一个关键词——"拆分"。在这个完全"非标"的家装行业之中，左晖在所面临的行业现状恰如链家早期，乱象丛生，低门槛、交付难、施工难监督、施工标准难界定等痛点长期存在。在规模化与标准化的矛盾之间，左晖给出了答案。"有些事应该去拆，周总理的外交艺术就是拆，把一个事拆成两件事，把'A'拆成两个撇。今天听起来很多不可能的事，都可以去拆，之后消费者的体验会得到保证。""拆分"也正是被窝家装的平台逻辑，它将复杂的服务链条进行精细化的拆分，拆解为独立的业务板块后再进行标准化，最终由被窝作为平台进行统一交付，进而实现一种"极致的标准化"。这正是"拆分"的智慧。

　　尽管过程曲折，左晖最终还是带领链家顺利入局家装行业。面对看似"无限的扩张"，不少人想问左晖，链家的业务边界到底在哪里？对此，左晖认为，与其谈论边界，不如谈论维度更重要。"因为大家的视角是不一样的，任何一件事，大家可以从很多种维度去看。"而链家在做的实际上是打破边界，打破认知的维度，围绕存量住宅，解决消费者居住过程中的问题。如果一定要有一个标准，左晖认为，那便是实现"更美好的居住"。

大数据时代下的一站式服务

2017 年，链家首次发布地产大数据产品 Real Data。

随着房地产行业存量时代的到来，地产行业数据从过去由开发商主导的"信息孤岛"逐渐转向个人交易信息的公开和高频。左晖认为："未来整个行业的线上化是一件非常确定的趋势。只有将房地产行业数据化，才能更加直观地反映现实市场，最终让整个行业更加懂消费者。"与此同时，在互联网流量迅速增加的背景下，这个过去过度依赖线下低频消费交易的行业也正在逐渐转向消费的电子化，这也为更大量级的数据分析提供了可能。

然而，相较于房地产市场的快速发展，整个行业的数据产品发展却有明显的滞后性。与此同时，房产基础数据的缺失、颗粒度粗、数据入口和来源分散等问题也较为明显，很难满足新型房企对数据质和量的要求。拥有计算机背景的左晖很早就看出了这个问题，于是，开始着手将互联网的大数据思维与传统的房地产行业进行融合。最终，链家以针对 B 端用户的房地产领域一站式研究和数据服务平台 RealData，作为部署房地产全行业大数据应用的重要尝试，在业内形成重要影响。

实际上，"大数据"这个标签从很早期便融入到了链家的基因里。左晖曾称："不太谦虚地说，我们其实是混血的。我们的核心团队基本上是 IT 背景出来的，这还是蛮重要的。"这种利用数据提升业务效率的思路，在链家内部被称为"科学管理"，最早可追溯到 2008 年的 SE 系统[1]。这实际上是一个内部管理的系统，可以让经纪人在线上完成从房源录入、过程管理到成交撤单的所有环节，帮助链家强化了对整个过程进行监督和风险管控。

在内部数据系统的支持下，链家的"楼盘字典"数据库得到了升级，链家自身的后台管理能力也得到了迅速提升。"有了线上的系统，就有了数据的产生"，左晖回忆。2013 年，链家地产拥有 500 多台服务器，每天核心系统访问请求会超过 1000 万次，后台系统产生 200T 的数据量。与此同时，链家在系统和数据的投入上持续加码，IT 和互联网化成本每年 1.1 亿元，来自一线互联网公司的产品研发团队多达 660 人。借助这些信息与其在市场的地位，左晖开始着手"后房产开发时代"的精细化管理。

当然，面对来势汹汹的大数据时代，链家的态度并非"一股脑"地狂欢，而是经过了详细的思考与部署。实际上在 2011 年左右，链家已经具备往线上走的能力。但是，当时刚从 IBM 咨询团队加盟链家的彭永东团队研究发现，互联网精神和传统企业的精神有非常大的本质冲突。"是否数据能够代替职能制、官僚制的这种权力，是这件事情最大的阻力。因为当所有人都把 power 给到系统、给到数据的时候，这个传统组织的能力会被减小。"[2] 于是，经过一系列的研讨和试错，左晖也变得越来越冷静。可以说，2008 年到 2013 年是链家的科学管理和基础设施建设的阶段。这段时间里，链家在左晖的带领下沉下心来，为链家的线上化发展养精蓄锐。

---

[1] 指 Sale Efficiency 系统。

[2] 李翔：《详谈左晖：难而正确的事》，新星出版社，2022 年 11 月。

在若干年的积累之下，链家的线上用户数据不断完善，数据库区域丰富，逐步转型成为以数据驱动的全价值链房产服务平台。从早期的基础数据，到数据应用，再到数据能力外延的应用阶段，链家开始把自己的内部数据转变为大数据产品，与行业内的其他企业进行分享。2017年12月21日，链家研究院首次发布地产大数据产品 RealData。贝壳研究院名誉顾问杨现领评价："这是大数据时代传统行业追赶前沿技术的一次勇敢尝试，也是链家大数据应用的一大创新与突破。"

庞大而真实的数据库以及实时更新的能力是 RealData 的最大亮点。依托链家二手房、新房、租赁等海量数据库以及万亿级别真实交易场景，同时整合全产业和宏观经济数据，RealData 囊括城市基础数据库、市场数据库、用户行为数据库和集中式公寓字典四大数据库，涵盖了宏观城市数据、新房、二手房、土地、租赁、公寓六大品类，为房企提供四大核心功能，包括面对宏观地产市场的监控与分析预测、针对具体地块和楼盘项目的价值分析、销售管理、售后资产管理。

如果说数据是链家一直引以为豪的独家资产，为什么链家愿意将作为全行业的共有资源进行分享？当然，行业情怀肯定要占一部分，但作为一向极度理性的左晖，他还有更深一层的考虑。实际上，链家的核心竞争力是双网双核的框架。其中的"双网"，一张是线上数字化解决方案的线上网，涵盖数据与服务流程的数字化和标准化；另一张是以社区为中心、由线下触点构成的线下网，这才是链家稳固的基本盘。在双网的协同之下，链家能够有十足的底气作为行业的领先者，通过发力移动互联网、大数据产品化及科技驱动，打造了多功能全渠道的产品矩阵。正如链家集团技术副总裁惠新宸所言，"RealData 的出现只是链家大数据能力的一次小秀"，更是链家多年的互联网布局和对大数据思考的阶段性成果。

初露锋芒的链家，一向低调的左晖，正在酝酿一个更大的目标。"未来5年，我们会all in在居住类的产业互联网发展上，关键词是品质、信用、数据电子化、重构角色和线上线下流程、产业 ACN 基础协议、角色的再造与协同。"2018 年 11 月 12 日，链家 17 周年时，左晖在朋友圈写道。

家多宝——一个人的住房基金

2014 年，链家理财正式上线，推出"家多宝"系列短期理财产品。

随着城市房价不断上涨，购买首套房的平均年龄逐年增加，"上车成本"越来越高。"新群体想买房子的难度越来越大，我觉得这个是要去解决的核心问题"，左晖不仅看到了消费者在房产交易过程中的痛点，同时更看到了庞大的资金需求和潜在风险。于是，2014 年 11 月，链家旗下的互联网房产金融平台"链家理财"正式上线，它首创"房产买卖 – 支付 – 理财"的房产金融闭环模式。当年 12 月"链家理财"平台推出"家多宝"系列短期理财产品，主要为链家买卖房屋时急需资金的客户，提供房屋交易过程中的赎楼、尾款垫资以及过桥贷款等。这意味着，链家正式进入 P2P 领域。

尽管当时的 P2P 发展迅速，房屋交易中也确实涉及个人融资借贷的业务，但国内的中介公司还没有人涉足这个领域。由于整个 P2P 行业的监管现状对企业自身风控能力的要求较高，同时相关资源的引流复杂性大，对于一个房产中介公司来说，提供这样的产品意味着需要足够的客户购买他们的产品，还需要足够的能力去风险、提供保障。

然而，尽管是首次涉足金融领域的产品，链家对于业务层面的操作却较为自信。实际上，针对赎楼和尾款垫资的服务，链家已经做了四五年。时任链家副总裁、CFO 的魏勇表示，在过去，链家仅将其作为促成交易的方式免费向客户提供服务，使用的资金也完全是企业自有的现金流，"是完全零杠杆的准金融服务"。后来，在熟悉业务之后，链家开始收取一定的费用。在多年的业务经验下，实际上"家多宝"短期借款业务的"客户是现成的，产品和风控团队也是现成的"。而"家多宝"所做的，更多的仅是将过去的服务进行产品化加工，再提供给消费者。

过去为了促成交易而衍生的服务，如今却恰好为其发展金融业务铺路。在一年多的发展之下，链家已发展出体系化的金融业务，主要包括链家理财、融信按揭和理房通三个部分。2015 年，链家的金融业务已占整体盈利的近 10%。截至 2016 年 2 月 23 日，平台累计投资金额已超过 1755 亿元，用户超 31 万，单日最高成交量近 2 亿，日均成交量超过 3800 万元，人均投资金额超过 16 万元。在一定程度上，链家的金融服务为消费者提供了"让买房变得更简单"的可能。

然而，在链家金融业务的迅速扩张之下，其金融工具创新的规范性问题与企业内部的监管问题开始逐渐显现。2016 年 2 月 23 日，上海消保委通报了两例链家消费者在交易中遇到的问题，引发了媒体对二手房交易规范性以及背后金融操作规范性的讨论，行业称为"链家·223 事件"。对此，链家在次日晚间下架了所有上海的二手房房源，金融服务叫停。为此，左晖承认存在问题，并为当时客户提供了满意的解决方案，以诚恳的态度挽回了客户的信任。2 月 23 日从此也变成了链家的"客户日"，只为"牢记历史教训、改进服务品质"。

经查明，此次事件中主要行为是公司员工的个人行为。2015 年，上海链家快速收购了当地若干家房产经纪公司，此次事件所暴露的问题，是其门店短期内扩张得太快，对人员管理和监管跟不上门店扩张的速度。而链家对金融业务的倚重，在这次事件中进一步放大了公司在管理中的缺失。实际上，链家的金融业务在互联网平台、支付、担保和线下业务有全面布局，链条是完整的。但就如银行一样有再严格的监管流程，执行不到位，问题就会发生。快速扩张若遇上管理能力滞后，则很容易出现风险传导，并可能通过理财端变相将风险转移到客户身上。

在此过程中，左晖做了大量的反省，"更加深入地去思考链家要去哪儿，到底要做什么事情，到底要把这个组织变成什么样子"。此后，2017年1月3日，"链链金融"[1]在原团队的带领下作为全新独立品牌启动运营，"为了更加符合行业相关法律法规的要求，以便更好地向用户提供安全、规范、可靠和优质的服务。"

成功的路上或许难免会犯错，但更重要的是在碰壁后总结经验，指导以后的行动。在这场复杂的金融风暴中，左晖没有做太多的解释，在业内也并未引发同行的声讨。而链家对于这次事件的应对更是颇为得体，特别是高层，基本态度就是不辩解，有错就改。实际上，在此次危机中，左晖做的第一件事不是如何去向外回应，而是"先对内部员工解释清楚这件事是怎么回事。我们当时很清楚，内部很重要"，这也反映出了左晖一贯的管理风格。在业务的拓展中可能会遇到很多的变化，甚至是危机，左晖有一种很深的感受，那便是"外部发生任何事情都没关系，主要还是内部的事情要处理好"。

一个正能量、强凝聚的团队是一个企业最宝贵的财富。深谙这一点的左晖，面对迅速扩张的插曲不断反思，希望从根源上重整旗鼓，再次启航。面对内部危机与外部压力，左晖选择了向更专业的团队咨询。而这，也即将开启链家更高层次的旅程。

---

[1]其前身为链家理财。

第七章

探索规范化的未来之路

　　小庙请高僧，请的是企业管理与发展的理念；小僧欲得道，看的是以后每一步的修行与历练。对于认准目标就会意志坚定的左晖而言，IBM 的到来如同一场及时雨，让他在乘风破浪之时，更加笃定浪潮的方向。

小庙请高僧，为未来铺路

2008 年，链家开始向 IBM 进行咨询。

两年后，链家正式宣布与 IBM 全球咨询服务部[1]缔结为战略合作伙伴。左晖回忆，"当时面临很多矛盾，这些矛盾既有内部的，也有外部的；既有消费者给的，也有同事给的。组织在变大，但是内外的压力也在变大"。彼时，链家抢占了北京二手房交易热的先机，实现了快速扩张。然而，由于规模的扩张速度远远超出了管理人才的储备速度和管理能力的提升速度，链家在经营过程中遇到很多问题。

一方面，是扩张带来的内部管理挑战。在与 IBM 合作之前，其实链家对于解决上述难题也有一套自己的办法。面对门店经理培养周期过长的问题，链家采取"新兵扛枪"法，从组织上进行调整，弱化店经理的职能，部分管理工作交给区经理去做。另外，当时的大多数房地产中介公司还是以粗放管理、经验管理为主，链家则率先使用了一定的量化管理措施，提升管理的科学性。然而，这些举措虽然帮助链家实现了

---

[1] IBM 全球企业咨询服务部 (Global Business Services)，是普华永道旗下的咨询公司与 IBM 全球服务部下属的业务创新服务部在 2002 年合并成立的，本部能快速的实施及降低风险来为客户提供增值服务，以帮助客户构想、开拓、实施及运营关键性业务。

一段时间内的快速发展，但是面对城市级的门店扩张，作用越来越微弱。此时的链家急需一套更加科学、专业的人才管理体系来支持业务的扩张。

另一方面，是行业下行的外部市场压力。在链家建立之初，中国房地产行业高速发展，房产消费需求旺盛，多数企业分享到了行业高速成长所带来的丰硕成果。但随着国家相关产业政策的调整与市场环境的变化，情况发生了一系列转变。一些城市的门店建设趋于饱和，企业在服务类型上也存在高度的同质化，单纯做扩展、简单的信息服务已经不能完全满足客户的需要。因此，链家需要站在更高的层次去挖掘自身能够提供的差异化服务，深度优化自己的业务体系，方能在白热化的竞争中脱颖而出。

左晖意识到，"需要让一些最聪明的人帮助我们实现更好地成长"。为此，他不惜将当时整个链家的收入利润 5000 万全部给了 IBM 做咨询。对于一个房地产经纪公司来说，这笔资金足够开 300 至 500 家门店。有同行不解左晖的行动，更是惊呼"左晖是不是疯了"。然而，左晖却认为："这钱如果现在不花，以后还得花。对于我来说，只是花钱的效率问题。钱投在哪里，投的效率如何。"顾问带来的力量，弹性很大。"有时可以让你借助顾问的力量三倍于自己的规模。"左晖希望这笔钱花得务实一点，这是投资的视角。

事实证明，左晖的判断是准确的。正是这场咨询，后续帮助链家建立起了基于数据的完整思路，形成长远的互联网战略布局。这套方案不仅帮助链家在接下来三年持续发力，更在北京与友商拉开差距。"链家从 IBM 收获更多的是思维方式的改变，一个有专业知识的'外行'，可以实现'功夫在诗外'之妙"，链家地产副总裁林倩坦言。

在 IBM 全球业务咨询服务事业部合伙人仓梓剑眼里，链家是一个"拥有很大规模的小公司"，专注房地产中介行业，以出色的服务在区域内快速扩张。为了能够提升链家的核心竞争力，帮助其在未来迈上新的台阶，IBM 向链家输出管理，从战略、销售和人才三个方向提出咨询建议，并最终确定以 IT 化战略作为整个方案的落点：

战略层面，从"单一中介业务"转变为"综合房产服务"。IBM 和链家详细梳理了自身的业务体系，确定建立以房屋买卖业务为核心、租赁和按揭业务为支撑、数据业务为基础的主营业务组合，从原本单一的中介模式转化为综合的服务平台。

销售层面，从"效率为王"转变为"服务为王"。IBM 建议，链家在销售过程中除了关注成交效率，更重要的是关于客户的实际体验，尤其限制每个经纪人的房源量和客户数量，以保障服务质量。在左晖看来，这一转型是链家最大的改变，"只有将客户感受提升至更高的位置之后，链家才能进一步推行'服务有形化'的模式改革"。

人才层面，从"人力密集"转变为"知识密集"。IBM 更强调链家对于员工价值观培养和对员工的关怀，注重将员工从劳力密集型转为知识工作者。通过建立完善的客户服务体系，让员工使用该体系经营好客户，实现优秀品质的规模化复制。

在上述商业思维转变之下，IBM 最终提出借助 IT 化的力量对链家整个业务框架与能力进行升级。当然，随着国内房地产市场黄金时代的结束和互联网浪潮的来势汹汹，很多传统房地产企业都会把互联网化、IT 化作为最后一根救命稻草。因此，关键是了解如何实现 IT 化发展。对此，IBM 帮链家设计了未来 10 到 20 年整个的战略发展，并开始建立线上系统。其方案的核心是在内部，将粗放、主观化的运营经验转化为精细化、量化的管理体系，进而实现规模的复制；在外部，根据运营指标进一步建立客观可评估的评价体系，形成科学决策，并根据运营数据进行业务拓展。

极具前瞻的构想一直延续至今，成了贝壳的坚实基础。左晖曾这样形容贝壳作为一个"操作系统"的作用，"我提供一个插槽，只要你愿意插到这个插座里，按照我的规则走，你的输入想在这里，你就能得到想要的结果"，其中高度标准化的思路在此次方案中便能看到雏形。同时，强调数据驱动的内部管理系统在使用多年后，成了贝壳核心竞争力 ACN 网络的基础。

小庙请高僧，请的是企业管理与发展的理念；小僧欲得道，看的是以后每一步的修行与历练。对于认准目标就会意志坚定的左晖而言，IBM 的到来如同一场及时雨，让他在乘风破浪之时，更加笃定浪潮的方向。

专业的人做专业的事

2010 年，一个年轻人加入链家，他叫彭永东。

除了战略上的梳理与升级，在这次咨询中，链家还意外收获了多名 IBM 项目组骨干，其中就包括了未来即将给贝壳"扛大旗"的彭永东。后来，有人问左晖，为何选择彭永东作为贝壳的 CEO？左晖答道："对业务团队来说，根本不太需要去考虑这个问题。很多人说，你为什么选彭永东？我说什么叫选彭永东，彭永东是跑出来的，跟选有什么关系？"这也是业务团队的好处，谁是更合适的人选，一试便能见分晓。

当时，IBM 链家地产战略转型项目的团队需要回答的问题只有三个：房地产业有没有可能实现全国化？链家要不要做互联网？经纪人到底是客户还是员工？时任 IBM 战略与变革高级咨询顾问的彭永东正是项目团队的一员，他的任务是为链家解决"要不要互联网化"的命题。经过详细的研究，他给出了坚定的答案，"势必要做"。

在一轮又一轮的项目合作之后，链家在 IBM 的建议之下不断扩展业务的边界，整个团队突出的战略规划能力也深得左晖的认可。于是，心思细密的他在项目后半程终于提出了酝酿已久的邀请："既然我们已经有了未来的发展和规划，大家可以考虑继续留在链家帮我把这件事情落实下去。"对于企业管理咨询行业来说，团队成员从原有岗位进入到曾经服务过的项目团队是一件很常见的事情，尤其是对于业务能力突出的人来说，"服务是否到位，就看对方有没有想邀请你到自己公司的想法"。

不过，专业人才也不是说挖就能挖到的。好的人才无论是对于IBM还是链家来说，都是宝贵的财富。当时IBM是科技公司中的行业领头，增长速度快，工资待遇高。为了能够吸引团队成员加入链家，左晖给出了远高于IBM高位薪资的条件力邀其加入链家，可谓诚意满满。与此同时，具有丰富想象力的行业发展前景也成了一个颇具吸引力的条件。"他们在IBM当然不错，但是我们很早就知道这个产业的空间是非常大的，到我们这边他们会有更大的发挥空间，所以我也从来不觉得委屈他们。"在左晖眼中，一个如此充满潜力的事业，值得更多有能力的专业人才加入其中。在左晖的力邀之下，2010年彭永东正式加入链家，负责互联网业务。与此同时，链家后期的很多高层管理者也出自该团队。

专业的人做专业的事，自然是得心应手的。彭永东在进入链家之后，接受的第一个任务就是推动已有的C端在线产品"链家在线"。同时完善开放给经纪人的SE系统，让公司对整个房源录入、过程管理到成交撤单的所有环节进行监督和风险管控。这个任务一做就是四五年，形成了行业领先的信息化系统与丰富的行业数据，这也成了链家之后的核心竞争力与互联网转型的支点。

实际上，回顾链家核心团队的选人用人逻辑，左晖有一套自己的标准，"一看人品，二看能力，三看格局"。关于人品，他认为最重要的是要坚韧，"能扛事儿，碰到各种情况都能够激发自己"；关于能力，最核心的是"抽象能力"，这也是对于服务行业来说十分重要的素养；关于格局，是否能够成为企业核心管理者的人，一定是能够"站在行业角度看企业，站在国家角度看行业"的人。这些品质能够促使团队成员在合作过程中形成背靠背的信任，并朝着同一个方向的目标努力。格局与能力自然不必多说，IBM团队为链家战略转型做的项目方案正是很好的证明。与此同时，朝夕的沟通与相处也让左晖对其每位成员的品质有了更多的了解。

跳出原有的标准，高度的专业性也是左晖希望从 IBM 项目团队挖人的重要原因。面对链家的互联网转型与服务理念的升级，链家确实需要更多具有 IT 背景、管理背景的成员将一些更加前沿、专业的理念带到链家的经营工作中。新时期需要新人才，引入更多的新鲜力量，增强企业持续发展的动力，也是很多企业发展过程中的任人初衷。

另外，对于更普适的团队纳新理念，左晖还提到过一个词——"自我迭代能力"。为此，他分享过特斯拉创始人埃隆·马斯克的"第一性原理"概念，来解释自我迭代能力背后的动力。"你的冲动来自哪里，你的原动力到底是什么，这个很重要。核心就在于，你要追求事情的本质是什么。只要这个原动力能够一直保持，你一定会持续自我迭代。"对于左晖来说，一个人可以走多远可以透过他的原动力来得知。在这个理念的支持下，无论外界是否有竞争或争议，链家的内部团队能够始终保持稳定的核心，用左晖的话说，核心在于"我们看人看得严"。

除了选人用人，工作中的合作方式也非常重要，"保证组织内彼此之间保持最大的静摩擦力，这是组织里最好的状态"。彭永东就曾坦言，左晖有的时候会帮他"抑制欲望"。比如，"我做了两年规划，说两年就能干成这样，他说不行，得四年"。在左晖看来，他在组织内扮演的实际上是一个"找不痛快"的角色。比如，这个月业绩不错，他可能会说"最近市场挺好"。通过这种"紧一紧"对比的方法，他能够不断提醒团队成员时刻保持自我思考，同时推动组织不断挑战自己的边界。

链家向 IBM 寻求思路上的升级，而意外之喜是吸引了一批专业人才加入其中。在未来的航行之旅中，左晖的身旁又多了不少同行人。或许，具有同样抱负的人往往会有某种特定的吸引力。

改变格局，才能看到未来

2014 年，链家面临一个十字路口的选择，在垂直中介业务和横向平台业务之间。

如果说，内部扩张带来的管理压力是链家作为一个房地产中介企业面临的核心问题，左晖看到的挑战远不止于此。实际上，他有着更大的野心与忧虑，内忧外患皆不小。

从内部来看，左晖发现，在本地新增门店的运营成本和其带来的客户成交量之间，存在一个越来越大的"养人成本"，单纯增加门店数量的扩张方式已至瓶颈。链家虽然是北京中介行业的领头羊，但市场占有率也不过 10%。从收入结构来看，传统中介生意模式挣的基本是佣金，收入结构单一，且抗风险能力差。对于直营模式的链家来说，相比于加盟等轻模式，加上经纪人和门店等成本支出，负担只会更重。当然，目前这对于链家来说完全是可以负担的。但不可回避的事实是，行业下行，天花板将至，中介行业配置的员工数量明显出现冗余。

从外部来看，随着楼市因政策浮沉，市场始终波动，行业内外的竞争对手始终虎视眈眈，整个中介行业的经营风险不断变大。对于左晖而言，最大的威胁并不来自行业内的传统中介，而是那些有流量、有技术的平台型巨头。由于房屋交易中介行业目前仍相对比较分散，若有一家平台能够快速将散落各地的中小型中介整合起来，对传统头部企业形成倒逼之势，链家将会束手无策。

两方夹击，这似乎是一个选择题。一方面，北京的中介业务空间有限，行业服务需要深度延展；另一方面，平台化趋势日益严峻，面对互联网的浪潮，若不采取行动就只能坐以待毙。是选垂直的中介业务还是选横向的平台业务？这是一个问题。当前市场的竞争就如智能机时代来临时一样，若像诺基亚那样没有把握住机会，错过了就很难再翻身。华兴资本集团创始人、首席执行官包凡评价，"市场会逼着你做选择，主动做出选择的不一定对或者赢，但是它至少有可能赢。那些不愿意去做出选择的，大概率会输。每个企业在发展过程当中都会经历过这些所谓的命门，这个命门有的时候是没得选的。"后来，他成了率先支持链家的第一批投资者。

面对属于链家的"命门"，左晖似乎在IBM的咨询中找到了启发。在咨询过程中，IBM曾经给链家总结出了8种生意模式，其中有一种叫"收费站模式"。这种模式带有天然的延展性，"交易本身在中间，虽然比较窄，但上下游要从它那儿过"。在居住行业，链家不仅可以做"收费站"，它还可以从"收费站"出发，做更多"从垂直到平台、从交易到居住"的延展。左晖认为："这是一个创造更大价值的机会，如果不到一个更大的舞台上来，就会面临各种各样的限制。"

实际上，在这个决定之前，链家就开始了平台化的行动。2014年4月，彭永东在互联网聚集地北京海淀区的西二旗带着一个团队探索新模式，他们的终极目标是用互联网思维干掉链家。这个背后的思考也非常简单，与其坐以待毙等待互联网浪潮的入侵，不如把自己变成一个平台，由自己来进行整编，以此作为防御。但很快团队就发现，以当时的市场环境做开放平台，可能行不通。因为这个行业的服务与流程标准化、经纪人职业化程度还是太低，近乎"刀耕火种"。于是团队决定，先积累经验，在链家内部互联网化。这与左晖最终的答案不谋而合，线上线下一体发展，两者合二为一。换言之，垂直的中介业务延伸和横向的平台业务准备，链家打算两手抓。

其实，二者之间并不冲突，并驾齐驱更加可取。

首先，链家有能力进行横向的全国扩张，同时这个扩张是平台化的基础。虽然当前行业的标准化程度较低，但是链家本身已经形成了一套远高于行业平均水准的发展模式和方法论，左晖称之为"操作系统"。这个"系统"能够推广到行业的更大范围，进而推动整个行业的发展，为未来的平台化做好准备，这是其一。

其次，纵向深化中介领域的业务范围和数字化程度也是进行平台化的必然要求。居住领域的互联网化不是一门流量生意，单纯做商机的分发，也就是做信息型平台是没有意义的。因为在这个领域从商机到交易的转化率太低，只有两千五百分之一不到，所以必须要做交易平台，这意味着要对中介行业的每个环节进行进一步的深耕。

因此，"在新的商业文明里，线上和线下融合发展，这就要求企业必须同时具备线上和线下两种能力，但其实二者大不相同"。在左晖眼中，线上难在从0到1，线下难在从1到100。实际上，从1到100的能力正是将成功的运营经验复制的能力，这个通过链家长期形成的"操作系统"加上适当的线上化便可实现。难的是从0到1，这是一个创造新产品的过程，也是一直专注于中介产品的链家所欠缺的，需要前期积累更加多的经验。"线下的人步到线上的能力门槛更高，线上的人拿到线下的能力门槛相对来说低一点"，但是，左晖还是毅然选择了这条更难的路。当组织往新的方向发展，组织里的人就得往未知迈进一步，"我们这个团队还蛮特殊的"，左晖说。

如航行至中点，一片巨大的礁石挡住了左晖前行的船。放在面前的是两条路，当周围人正在低语左晖将驶向何处，只见他目光紧锁，全速前进——他要自己开辟一条新航道。

当资金大佬们来敲门

2016 年，链家 B 轮融资由华兴资本领投，共融资 64 亿元。

在链家开启融资的这两年，左晖向资本市场讲了一个动听的故事，这个故事关于互联网、效率、重塑行业规则。在这过程中，左晖走向资本，资本也拥抱了他。"发展到一定阶段，需要依靠资本的力量才能实现扩展"，引入战略投资者、上市是链家的目标。于是，在 2015 年开始并购前，左晖开始找投资人。我爱我家时任副总裁胡景晖回忆曾经与左晖的谈话，"那是链家准备发起全国并购狂潮的前夜，老左很兴奋"。

在很多人眼里，左晖在资本市场从未停歇，融资一路坦途，弹药充足。然而实际上，链家的融资之路并没有大家看到的如此顺利。资本市场都是最聪明的人，链家作为一个房地产中介企业想在资本市场获得高的估值，并没有太大的想象空间。高瓴资本的张磊在第一次见左晖的时候，便向左晖提出了一个灵魂拷问——"我知道链家，你们做得非常好，但是你们这个生意好像不是一个能做大的生意。"当时，很多投资者都会有这样的怀疑，通过经纪人进行房产交易，究竟是否能够做出一个规模足够大的公司？当然，左晖的行动后来让张磊意识到了链家的不同。

2015 年间，钟伟[1]回忆，左晖、孙宏斌[2]、陶红兵[3]和他经常在北京工体附近小聚。当时左晖提到，链家之外还想做自如，同时注重发展科技能力。或许是同行更能彼此共情，同时也对行业内的情况更加了解，当时转型中的融创与万科都给链家投入了一定的融资。

2016 年，链家进行 B 轮融资，由于市场原因，整个过程不是特别顺畅。那是个产业互联网概念还未喷薄成型的年代，房地产行业的宏观调控也在刺激投资人的敏感神经。当时，很多投资人对链家了解不深，国家房地产调控消息一经公布，一些战略投资者转向观望，等待一个领投者才能跟进。这时候，华兴资本 CEO 包凡拍板，决定领投这一轮融资。"这是一个史上最有风险的决策，但我们还是做了"，最终，包凡说服自己的原因是，"看好链家的创始人和链家的整个产业"。

包凡坦言："当时，市场上大多数投资人还是将链家看作传统的房地产中介，所以 B 轮融资并不顺利。我们的初心是想投一家在'住'这个行业里面能够成长起来的品牌级公司，我们看链家的眼光就不一样。"实际上，这也是在左晖的长远布局中，链家的一大亮点，具有能够持续将线下运营好，同时具备线上化的潜力。

除了链家自身的企业前景，左晖的能力与眼光也是华兴资本投资的关键点。"第一次有人能把产业这么明白地说清楚，我们俩很快就聊到一个频道去了"，经过多次交流，包凡发现，左晖想做的不只是房地产中介这么简单，某种程度上，他想要做的事改变行业的秩序。因此，包凡得出结论，"基本上老左是一个想问题很周密的人，轻易不会推

---

[1] 北京师范大学金融研究中心主任。

[2] 融创中国董事会主席兼执行董事。

[3] 愿景明德（北京）控股集团有限公司董事长，链家董事。

一个东西出来，如果推一件事情时，很多事他基本上自己都想明白了"。包凡找对了人，左晖也找对了人。

战略转型期，一个能够赏识自己企业战略眼光与运营能力的伯乐是多么重要。在华兴资本的领投下，其他投资者纷纷入股，包括百度、腾讯、H Capital、高瓴资本、经纬中国等，共向链家联合投资了 64 亿元。不过，实力强悍的投资者背后，也有消息称，链家同投资人签订了严苛的"对赌"协议：若链家未能在 B 轮交割日后 5 周年内完成 IPO，投资人有权在该情形发生后的任何时间要求回购。回购价格为基本投资价格 + 每年 8% 单利的回报。

这是一个巨大的挑战，同时也加快鞭策着链家的持续变革。直到 2017 年，情况发生了转变。随着链家的平台化战略日渐浮出水面，越来越多的投资者被链家吸引。融创中国控股有限公司董事会主席孙宏斌曾在一次会议上提到，"投链家，我们谈了一年，给老左做了好多工作。链家不是谁想投就能投，很多人想投，投不进去的"。这段时间里，万科、融创中国纷纷入股链家，同年 11 月，链家系还引来两笔战略投资，第一笔投资方为高瓴资本、华兴资本等投资机构，第二笔投资则来自新希望，链家真正实现了"弹药充足"。

回顾过去的融资经历，左晖坦言，在 D+ 轮之前，跟投资人的沟通几乎就没有顺利过。左晖觉得自己的组织一直被低估了，尽管这种状态他能接受，也能理解："我说的事情，感觉投资人基本上不太会信。后来我还专门反省过，把我们每一轮融资的商业计划书都拿出来，看有没有夸大。然后我发现我当时没有吹牛，我说几年之后会怎么样，现在看好像还比较客观，但是大家可能都不这么认为。"在重度改造行业的路上，左晖也逐渐意识到"不被理解"也许是正确的，身边熙熙攘攘可能反而是错的。

　　茫茫大海之中，左晖的这艘船从孤身一人，到无数的经纪人加入，随后专业团队加入，最后投资者加入，最初的愿望也从一个人的愿望变成了无数人的期待。这是思维的力量，更是行动的力量。带着大家的期待，左晖开始了更加精彩的旅程。

第八章

拥抱技术，贝壳横空出世

从 2014 年的韬光养晦到 2017 年的谨慎打磨，链家的平台化之路走得很扎实。在这个过程中，左晖一路为链家开路，同时也把更多的机会留给了正值盛年的青年人。带着多年积累的经验与优势，贝壳即将横空出世。

链家在线，从未下线

2014 年，"链家在线"正式更名为"链家网"。

这一年，移动互联网大潮席卷房地产中介行业。曾与链家长期合作、定位于信息平台的搜房网宣布即将转型，做线下中介。11 月，链家终止了与搜房网的合作，开始将重心放在自建运营的信息网站"链家在线"，并将其正式更名为"链家网"，目标成为"房产交易领域的万亿房产 O2O 平台"。这也是链家在互联网布局中的关键一步。

谈到链家的互联网布局，其实最早可以追溯到 2011 年那次经典的"链家版庐山会议"，其主要内容是"如何干掉链家"。除了诞生出租赁品牌"自如"租赁，还催生出一个重要的想法，那就是"链家在线"。

2011 年，链家开始单独注册且独立运营自己的网站，"链家在线（Homelink）"。它是一个来自链家的房源信息网站，里面包含了房源搜索、价格分析、新闻资讯的房产信息服务。不同于当时市场上互联网跨界者们疯狂撒钱补贴经纪人和客户的思路，"链家在线"采取了一种更"笨"的办法，那就是"竖着做"，将中介业务做深做透，并在此基础上通过线上化来提升效率和品质。

"链家在线"上线后，首要任务就是"真房源计划"，这是线上化的第一步。深挖互联网对传统企业改造的情况，左晖和彭永东发现，始终有一个底层冲突未解决，那就是互联网精神与传统企业秩序之间的冲突。链家作为一个具有强势管理和内控基因的垂直型组织，如何才能够蜕变成为开放包容的平台型生态组织？这里存在着数据与职能制的权力冲突，互联网平台强调以系统和数据为中心的管理体系，链家作为传统企业则一向更以严格管理的经纪人队伍著称。如何改变？左晖发现"真房源"是一个突破点。真房源本质上就是打破经纪人的信息垄断、实现信息对称的方法。买卖双方的信息一旦对称，系统将会拥有比经纪人更大的权力，进而实现权力从职能体系向数据系统的转移。因此，著名的"真房源行动"和"楼盘字典"实际上都是在"链家在线"的背景之下开展的。

除此之外，这个阶段链家还通过内部系统实现了服务流程的线上化与标准化。不到三年的时间，链家地产内部的 IT 系统，拥有约 500台服务器，每天后台系统访问的请求达 1000 多万次，接近 200T 的数据，这些数据包括每一个买房者、卖房者的电话，小区的详细信息（包括楼层、户数、建设时间、业主家庭资产状况和投资态度等等）[1]。

在多年布局之下，链家在线促成的二手房买卖成交量占到其整体成交量的 30% 左右，这一数字已高出链家在其他互联网公司购买端口所促成成交的比例。因此，当搜房网有意涉足线下中介领域，链家能够果断"分手"，并建立"链家网"。

当时，有不少同行质疑链家网的可行性，认为左晖这是要"作茧自缚""对抗互联网的大趋势"。但实际上，此时的左晖心中早已笃定要做平台，链家网只是一个开始。为了不让传统业务对链家网的发展产生影响，左晖请来一群互联网的精英来经营链家网。走进链家网的办公室就会发现，这里跟任何一个互联网公司没有什么区别。零食、

[1] 何伊凡：《左晖的墓志铭》，盒饭经济，2021-05-21，https://baijiahao.baidu.com/s?id=1700324998532435975&wfr=spider&for=pc。

水吧、咖啡等相关的条件应有尽有，脑洞大开的互联网从业者时不时地聚在一起思维碰撞，也是链家网经常能看到的场景。

实际上，在 2014 年与搜房网终止合作之后，链家曾经有一个更加激进的想法，直接做"贝壳"。左晖认为，链家的管理体系已经比较成熟，在任何一个区域市场里，都可以靠这套方法论形成竞争力。于是，当时还在负责链家在线的彭永东拉了两三个人，在百度附近的上地领秀新硅谷找到一套两居室里，开启了一个新项目，注册的域名就叫"贝壳"。当时，大家的想法就是要直接"横着做"，尝试做一个中介行业的开放平台。

然而，但实际情况和左晖的想法大有出入。当时链家去了几个城市后发现，中介非但没有减少，反而在增加，这说明市场上没有本质的竞争，大家都活得挺好，有没有竞争力也无所谓。于是，在短暂尝试之后，彭永东撤下"贝壳"的 LOGO，全心转向链家网的运营中，先将链家的服务流程各个环节都在链家网做一遍，形成全流程线上化的基础。"对用户来讲，我们当时刚开始做互联网平台，用户的认知还是从线下到线上的，我们认为线上先用链家网，它有整个认知的一致性；对于平台，我们当时也没有选择开放策略，而是采取了半封闭的策略。"贝壳找房门店平台总经理、产品线负责人宋云端回忆。

尽管短暂的"横切"试验并没有成功，但是收获却非常深刻。对于低频、非标、分散的地产经纪业务来说，为了进行平台化发展，链家需要在线下进一步打磨交易模型和相关的流程规则，这是左晖当时选择"链家网"而非"贝壳"的原因。但是，左晖心里也十分清楚，"最终谁会干掉链家？答案永远是线上将打败线下"。实际上在链家，大家的共识很早就达成，贝壳计划只是被暂时搁置，总有一天它会被重启。"这对我们来说是一个很线性的事情。我们要找到一个很好的时机干这个活儿，相对来说更成熟、组织更有保障以及团队的能力建设也跟得上。"左晖说。

　　所谓"韬光养晦，有所作为"，链家网的半封闭策略是面对现有业务信息化程度所作出的权宜之计，也是符合当时市场环境的应时之举。潜心积累经验，只待时机如期而至。

从线下转到线上

2017 年 4 月，链家开始做平台化的尝试。

在此之前，在链家内部的高管讨论大会上，近半数高管反对做平台。反对的理由连左晖都觉得"太有说服力了"。十几年的经营过程中，链家的成功经验始终是坚持最高品质的标准、最高品质的服务，通过用"子弟兵""用自己人"去赢得正循环。而平台则是通过一套规则，让其他人、组织去给客户提供高品质服务。在某种程度上，这跟链家一向的逻辑是完全不同的。然而，由于左晖对贝壳的态度非常坚定，这才促成了贝壳之后的诞生。[1]

上述理由所反映的正是"直接 To C"和"通过 To B 来 To C"的区别。从垂直业务到平台业务的转换，左晖也坦言，"真正的坎儿就是从一个完全 To C 的业务到通过 To B 来 To C 的业务"。平台需要通过服务中介机构，帮助中介机构和经纪人提升服务水平，从而实现对消费者更好的服务，这与过去链家直营店直接用自家经纪人服务消费者完全不同。

所幸的是，在这点上，链家一直有着一个相似的传统，那便是将经纪人当作客户来服务。链家在长期与经纪人相处的过程中，在企业内

---

[1] 徐雯：《左晖：慢慢来，比较快》，新浪财经，2016-01-26，http://finance.sina.com.cn/roll/20160126/093824214973.shtml。

部形成经纪人职业的尊严感、认同感，进而促进其提供更好的服务，这个逻辑和平台所需要的 ToB 到 ToC 有着异曲同工之妙。"如果我们当时不把链家的经纪人当成小 B 去服务的话，就不可能有贝壳。我们的优势在于，原来已经有了基础，走了 0.5，相当于把原来的经纪人已经当成 0.5 的小 B 了。"[1] 当然，0.5 和 1 还是有一定的差别。相比于单纯为经纪人服务，平台仍面临着许多链家前期没有遇见过的情况。比如，店家在加入平台时可能会存在不安全感，不同店家之间的能力差异也会导致其服务能力有很大的"方差"……这些都是平台需要应对的问题。

从线下到线上、从直营到平台，其背后的价值网发生了翻天覆地的变化。转型前，链家是独狼模式，自己做店、做客人，自己拥有经纪人、系统和房源，对于其他房产中介而言，链家是最大的竞争对手；而转型后，平台模式要求链家将自己的系统向行业开放，对外共享房源信息、经纪人工作法、公司与平台管理机制，这意味着将自己的核心竞争力公之于众，曾经的敌人都将变成朋友。

不过，在这剧烈的变化背后，链家仍存在着独特的优势。

由于房地产行业作为非标市场，供给端变量很多，因此交易的促成重点更在于经纪人的服务而非平台中的信息。换言之，在这个行业之中，重点是门店服务的标准化，这一点正是链家在长期积累之下的核心竞争力所在。"所谓平台，核心就是可以给别人提供你的价值，这种价值是可以被定义的，关键是还要输出价值，输出价值背后是输出标准，大家才会按你的标准和协议去做这件事。"

在链家网的运营与快速扩张的并购经验之下，链家已形成高度的线上化和标准化管理体系，左晖将其称作"操作系统"。左晖曾将链家的这个操作系统比作"iOS 的生意"，如果是平台，"那就是将 iOS 做

[1] 李翔：《详谈左晖：难而正确的事》，新星出版社，2022 年 11 月。

得更开放一点"。从商业上讲，这个操作系统在过去只有链家的 10 万人使用，事实证明是十分有效的。因此，如果全产业的 200 万人都用起来，很有可能行业就能告别蛮荒的状态。

面对互联网浪潮的来势汹汹，不少企业想要以信息分发型平台切入这个市场，但左晖内心却比较淡定："商机是不值钱的，我们判断其价值在整个产业中的占比只有 3%。而轻型平台想像我们一样切交易也不是不可能，但想用 1 年时间做成我们 20 年做成的事，还是很难的。"对于产业互联网而言，重点是"建"，从头建立行业的标准化，靠的是时间投入。为此，左晖用了近 20 年，这自然是大部分企业所无法企及的。

2017 年 4 月，大家都觉得时候差不多，可以推出"贝壳"了。出于谨慎，彭永东决定先打磨一年。他选了郑州、徐州等城市，采取了各种各样的方式来试验，有的地方是纯轻资产模式，有的地方是轻重结合。

当年 6 月，彭永东将时任成都链家新房总经理的何生祥叫到北京，经过一个月的研讨，何生祥带着十几个人去郑州，尝试用特许经营方式做试点。一开始用链家拓展，后来改用德佑。很快，他就感受到了压力。"直营亏再多，我也要去开店或者招聘，但是加盟，拖不动就是拖不动。这种压力会让你的团队规模瞬间停滞。"驻扎郑州后的每个月，何生祥都会到北京和彭永东单独汇报一次。压力最大的那次，是在他去郑州的第二个月，店均业绩大概 3 万元。他说了半个小时，彭永东一句话都没有，连表情也没有，最后只撂下一句"行吧，那就这样"，转身就走了。何生祥觉得太失败了，暗暗咬牙，"回郑州，一定要把它干出来"。

后来，郑州的情况一个月比一个月好，汇报的时候，彭永东也开始频频点头、微笑。"我感觉这个事成了。"何生祥说。郑州模式的跑通，给了彭永东很大的信心，去真正意义上启动贝壳。

从 2014 年的韬光养晦到 2017 年的谨慎打磨，链家的平台化之路走得很扎实。在这个过程中，左晖一路为链家开路，同时也把更多的机会留给了正值盛年的青年人。带着多年积累的经验与优势，贝壳即将横空出世。

贝壳，横空出世

2018 年 4 月，贝壳找房 APP 悄然上线。

这一年初，位于北京昌平区福道大厦的链家总部，被全部装点成"蓝色"。一个近 1000 人的团队在这栋大楼里共同打磨一款叫"贝壳"的互联网房产信息平台。彼时，链家在 48 小时内完成了对近 2 万人输送到贝壳平台的选拔和调动；8 个月后又是涉及 3 万人的变动，这被外界称为"现象级的执行力"。如果没有常年价值观的运营和塑造，很难想象这件事情可以实现。

贝壳的出现很突然，在很多人眼中，行业的序列就此发生了变化。贝壳要做平台，链家成为贝壳旗下子公司，同时重启德佑，采用加盟模式。按照计划，未来贝壳平台上将有多个房产中介品牌。如果类比京东，链家与德佑类似京东自营，其他品牌则是第三方 POP，贝壳会提供一系列的底层服务。于是，原来是竞争对手的中介公司变成了合作对象，原本是上下游关系的 58 同城，则变成了竞争对手。

在中介行业内，贝壳可谓"一石激起千层浪"，左晖也成为"行业公敌"。有人质疑，左晖这是"既想做运动员，有想做裁判"。友商更是直接在 6 月 12 日召开"双核保真·以誓筑势"全行业真房源誓约大会，建立攻守同盟，矛头直指贝壳及背后的链家，颇似行业"武林大会"的场面。大会上，姚劲波率先开炮，他表示"58 永远不会切入中企业务成为地产中介的竞争对手，我们只做信息平台"。

当日下午，北京市气象台发布冰雹黄色预警。左晖发了个朋友圈："此时的北京，乌云密布。有会解天象的吗？"58 同城 CEO 姚劲波在下面评论："相由心生，我看到的是阳光明媚。"左晖在这条评论下又回复："老兄慧眼，乌云中的确有阳光！不知为何下午突然打了一会儿雷，应该是又有人赌咒发誓了。"

除了业界争议，当时贝壳也面临着巨大的内部运营压力。从链家到贝壳，左晖与贝壳 CEO 彭永东预感到不容易，但没想到的是最艰难时刻来得这么快。"2018 年 4 月开始做，到 9 月实际上是我们一个最低的低点，数字变化不大。"彭永东承认，当时贝壳团队拼命学习，有点被逼着往前走的意思，也确实看到了团队会有一些明显的短板，一些品牌也有点动摇。"这时候大家开始怀疑，外边都没有人说好话，这条路通不通、行不行，是对的吗？"然而，左晖的态度仍十分坚定。

实际上，相比于行业内的唇枪舌剑，左晖自始至终更关注的是行业最核心的两个部分。一是用户，即买卖或租赁房屋的人，他们是否能得到高效、优质的服务；二是经纪人，这个行业离不开人的服务，他们能否活得更有尊严，有获得感还能够赚到钱。"我们自己非常关注两个方面的价值，一是对 C 端，贝壳会带来什么明确的价值；第二个，贝壳到底会对中国 150 万到 200 万人的经纪人群体，对于他们的工作方式、未来生态，会不会带来什么根本性的影响。这是我们真正所关注的两个问题。"

因此，在战略方面，左晖比较自信。"没有争论的战略应该不是一个好的战略，如果没有争论的战略一定是你做晚了。我们会具体倾听这些声音，有些声音是明白我们要做什么，可能他感觉我们对一些其他组织未来的发展是一些威胁，所以会发出不一样的声音；有的是不明白我们真的想做什么，我们就要把这个事逐步地传递得更清楚。"

很多人会问，链家已经足够好了，为什么还要做贝壳找房？实际上，这个问题仍是在一个企业的角度来看待这个问题，而左晖的目光始终投在行业上，关注行业的效率与服务品质。他认为，目前行业仍存在三个问题：一是行业效率低，二是消费者体验差，三是行业经纪人职业化程度低。作为行业内唯一解决了服务产品的规模化应用，能够规模化地提供品质服务的企业，左晖想通过贝壳带动整个产业一起解决问题，共同成长。换言之，左晖创造贝壳是希望通过提升整个行业的高度，将"蛋糕做好"，实现价值差，进而让每一个参与者从中获得相应的商业利益，而不是在原有的低效率环境下进行无意义的竞争。"如果每个人只看自己的利益有没有受损，不关心行业的发展，最后你的利益也一定无法保证。在一个商业体里，在未来的生态里，就可能没有你的位置，这里有因果的关系。"

当然，有变革自然会有利益的重新分配。变革过程中，新的规则难免会伤害到一些既有的利益，甚至意味着一些组织、一些人的无奈退场。因此，尽管贝壳重新制定行业规则的初心与立场颇具情怀，刚开始遭到行业的"群起而攻之"也是难以避免的。然而，时间会给这一切答案。起初，左晖做好了 6 个月的业绩下滑期的准备，竞争者正在奋力反抗。不过，这场中介之争很快便有了收尾之势。贝壳找房提供的数据显示，截至 2018 年 11 月底，入驻平台的中介门店达 1.7 万家，经纪品牌近 90 个，APP 月活已超过链家。不到一年，"反贝壳联盟"就土崩瓦解，很多企业加入到贝壳平台。至此，贝壳成功把本应是敌人的各大中介商发展成会员，大家都逐渐接受了让渡一部分利益、先做大蛋糕的共同目标。

贝壳之后，左晖的航行之旅发生了巨大变化，从原来的孤军作战变成了舰队联合。"抓住核心价值，关注长远价值"始终是左晖的信条。让一个人的事业变成所有人的事业，左晖成功将他心中的远方故事说给了更多人。

面向未来，开启房产2.0时代

2019年4月，21世纪不动产正式加入贝壳，成为当时进驻规模最大的中介品牌商。

如果说贝壳成立之初，行业的"同仇敌忾"更多地出于考虑自身利益的本能反应，那么贝壳在接下来一年里的实际行动，则让同行们相信，贝壳的存在确实有效促进了行业的品牌合作与效率提升。21世纪中国不动产中国区总裁兼CEO卢航曾表示："因为合作，整个行业的生态明显发生了变化，经纪人的生存状态、对客户的服务品质都有明显进步。"[1]

从贝壳时代到链家时代，整个居住服务行业正在经历数字化生态转型。在左晖看来，居住服务数字化要成为产业进化的"底座"，也要成为众多中小企业发展的"助推器"。贝壳找房正是在不断提升转型服务供给能力，加快打造居住服务领域的数字化企业生态。其中，贝壳从经纪人培训、企业转型、行业合作网络三个层面进行资源共享，开启房产2.0时代。

首先，在经纪人层面，贝壳重点帮助经纪人提升自身信用管理与

---

[1]人民资讯：《左晖骤然离世，留给贝壳三道题》，人民网，2021-05-23，https://baijiahao.baidu.com/s?id=1700511108849363389&wfr=spider&for=pc。

综合能力。在房地产经纪行业，很重要的一点是，这个行业的基础设施建设远远不够，尤其对于服务者本身的建设，远远不够。在左晖看来，"服务者如果本身没有信用，服务者如果不为自己的信用去努力，那这个行业就没有前途"。为此，贝壳推出了"贝壳分"制度进行经纪人信用管理，提升经纪人服务能力。与此同时，贝壳还向中小房地产经纪企业提供开放免费的线上培训，提升其数字化运营管理能力。

其次，在企业层面，贝壳重点关注企业自身的数字化服务与运营能力。一方面，从外部服务角度看，贝壳引入了 VR、AI 等技术工具，免费为企业提供 VR 带看、VR 讲房、AI 设计、网络直播看房等数字化作业工具与房源信息；另一方面，从内部运营角度看，贝壳持续向企业提供数字化办公软件 link A+ 和远程办公服务。"我们的核心价值在于赋能，未来链家承担更大的使命在于把经营管理能力对全行业开放，提升整个行业服务的基准。"[1]左晖表示。

最后，也是最关键的一点，在行业层面，贝壳重点推行 ACN 的交易模式。实际上，该模式本身是链家经过十余年的数字化与标准化历程开发的内部管理系统。在贝壳，通过 ACN 模式，不同的经纪品牌、门店之间能够真正形成高效的合作，其对行业效率的提升可想而知。尽管该模式在链家已经实行了多年，但由于贝壳内部涉及的主体更复杂，贝壳对 ACN 规则也加入了诸多修订。例如，为了利益分配的合理性，贝壳借鉴科斯的交易契约理论，建立了独特的陪审团机制。由经纪人代表组成一个自治组织，对经纪人之间因作业而引发的争议，以自主管理、自主监督的方式进行集体决策。在共同的协商下，贝壳与平台上不同品牌、店长和经纪人一同讨论 ACN 合作的规则，形成了"总规则－各类

[1] 郭亦菲：《专访左晖：链家会更多整合上下游机构，楼盘数据全开放》，腾讯财经，2018－03－26，https://finance.qq.com/a/20180326/015464.htm。

子规则 – 不同城市各自适用细则"的规则框架体系。最终，通过 ACN 规则，贝壳打破了门店、经纪人之间的信息孤岛，实现了不同门店和经纪人的协同与合作，改变以往恶性竞争的模式，从而带动供需两方的高效匹配。

左晖曾表示："我们在做一个球场，希望在这里踢球的人越来越多，大家踢球的规则越来越好。我们的利益其实在市场的利益上。一个公平公正的协议和规则对贝壳平台的利益是最大化的。我希望未来在这个平台达到 100 个品牌，有一个链家还有其他 99 个。这是一个极其复杂的博弈，最大的利益应该是博弈的规则。如果行业效率始终这么低，我们就永远没有成长空间；我们的商业基础结构在发生变化，要么对抗要么一起往前走。"整个行业确实在和左晖、和贝壳一起往前走。

实际上，整个行业的生态在发生着深刻改变。平台、门店、经纪人之间的关系也发生着微妙的变化。在贝壳成立之初，华兴资本集团创始人兼首席执行官包凡便指出："未来组织在行业中会越来越被淡化，很大程度上贝壳是提供底层的平台或者基础设施的，在今天的产业格局下或许会有运动员、裁判员的观点，未来产业未必是这种格局。"在此背景下，经纪人、门店之间的合作将会变得更加频繁，企业之间的利益竞争关系将逐渐转变为协同合作。这一切仿佛都是链家经纪人时代的"升级版"重现。左晖表示："未来行业界限会极大模糊，从对抗转向合作的状态。所谓竞争，同向为竞，相向为争。我们是赛跑不是拳击，怎么能共同把这个池子做大，是需要行业思考的。"

2019 年 8 月，为了激励一批有能力的店长，链家推出了"门店合伙人制度"。业绩优秀的商圈经理和店经理可以通过竞聘成为合伙人，分享门店的经营权和收益权。左晖认为，时代已经变了，品牌和经纪人的关系正被重构，品牌将投资人化，而主权属于经纪人，属于经纪人的时代即将到来，"经纪人主权"近在眼前。

当然，贝壳的路还有很长，真的继续去延展，也不是件容易事。高瓴资本合伙人黄立明觉得："贝壳的诞生既是挑战也是机会，它需要不断加深对行业的理解，同时也突破原有的舒适圈。"那些需要攻克的命题还有很多。比如，怎么将"住"的生态完善起来，怎么将新居住服务类目叠加到人店模式上。

当被问到"你的梦想是什么？希望人们以什么方式记住你？"，左晖回答道："为社会创造新的价值很吸引我。"这一次，左晖的脸上终于有了一丝久违的笑容："我们行业里面有了一批志同道合者。"

第九章

横向并购，只为贝壳"上岸"

从独舟到舰队，左晖在推出贝壳之前做了充分的前期工作，那便是联合周围的船只先形成一起的联盟，在这个联盟里，自然有多年相识的情怀。但更重要的是，在复杂多变的区域性市场环境下，左晖能够找到彼此利益的平衡点，这也使得一个个合作战略顺利落地。在孕育贝壳的路上，链家版图进一步扩大。

链家，依然是链家

"有了贝壳，那链家呢？"这是左晖推出贝壳后很多人的疑问。

刚推出贝壳找房时，链家内部的经纪人都表示质疑，感觉自己变成了"散兵游勇"，而外部更不用说，得知贝壳是想做一个行业内的操作系统，把所有房产中介都搬到一个平台上面。其实，左晖当时是这么理解链家的："我们当时对链家提的一个要求是，贝壳的目标是把大家拉到 60 分，但是你（链家）要做到 80 分。"链家首席运营官王拥群也认为，此时确实需要向链家人传递明确信息："我们是第一个品牌，也是一个打样的品牌，是一个最大、最强的品牌。第二，链家永远站 A 队。"

实际上，贝壳能够顺利启动，离不开链家在前期的大规模准备。2014 年前后，正值互联网中介企业在行业内掀起了一波低佣金、消灭门店的风潮，很多传统中介也开始收缩阵地，减少门店。然而左晖发现，要想做开放平台，必须要根据行业整体的体验和效率提升才可能成，但完全开放又让左晖有两点担心：一是服务品质能不能保证，二是新规则的效率能否保证。基于行业服务质量整体偏低的现实，左晖最终选择半开放策略，不用传统贴牌加盟的方式，而是去找到那些志同道合的人，以并购、合并的手段，完全输出了整个链家的管理方式和管理理念，来保证整个 B 端的服务质量。

于是，左晖给员工们写了一封公开信，描述未来房地产交易的前景，并正式开启全国范围内的并购："行业有两个巨大的机会在今天这个时点交汇，一是整个中国的房地产市场，正从一线到二三线城市梯次进入存量房占主导地位的市场；另一个是互联网和 IT 技术正深刻地影响着行业，将会极大改善消费者的体验和提升执业经纪人的服务效率。这两个巨大机会所孕育的是年交易额数万亿，数十万经纪人和百万级的消费者的房地产交易生态。"

2015 年，在左晖的指挥下，链家以近乎扫荡式的气势，先后在成都、上海、北京、深圳、杭州、重庆、济南、广州、大连、烟台等一二线发达城市，以不同方式合并了伊诚地产、德佑地产、易家、中联（地产）集团、北京高策、盛世管家、大兴业、孚瑞不动产、满堂红、好旺角、元盛房产等共计 11 家房地产中介企业。2014 年底链家门店 1500 间，经纪人 3 万名；到了 2015 年底链家门店突破 5000 家，经纪人 8 万名，翻了 3 倍，净利润也从 2014 年的 1.37 亿元飙涨至 11.96 亿元，交易规模达到 7000 亿元。

"那时候（2014 年）链家做直营，左晖当时跟我说了几个数字，我们合并三年之后，可以做到 5000 家店、10 万经纪人的规模，可以做到 10000 亿 GMV。"贝壳找房首席运营官、执行董事徐万钢回忆。当时他觉得不可思议。那时候，链家的 GMV 不过 2000 多亿。事实是，两年后的 2016 年，这个目标实现了。"今天的规模远超预期，链家可以做一个更大的交易平台。我自己有机会参与一个更大的事业，这对我的激励比较大。"

面对 2015 年到 2016 年链家的快速增长，左晖保持着一贯的冷静与淡定。一方面，他认为这是市场认知的落差，链家的发展实际上比看上去的要"线性得多"。左晖指出："我们原来是 10，今天是 100，只不过过去的市场低估了我们，认为我们是 1，今天我们是 100 的时候，市场认为我们是 1000。"另一方面，左晖也坦言，在当时的环境下来自传统力量的竞争是不够的，来自传统平台的竞争也是不够的。实际上，左晖的大规模并购策略也与当时的互联网平台策略有关。大量的互联网信息平台通过并购线下门店的方式拓展其线下的运营能力，可以理解为是一种"从线上到线下"的策略。而链家作为传统的中介品牌具有较大的线下优势，通过大规模并购其他线下品牌，建立起的是传统中介企业的护城河，通过收购方式将最优秀的经纪人汇集到链家平台，并以自身能力拓展线上化业务，这是一种"从线下到线上"的策略。

对于全国范围的并购，左晖还有更深层次的理解。他曾表示，交易平台的集中化趋势越来越明显，能活下来的都是大企业和小企业，中等规模的肯定要倒下，并购发生的这几年间，这种趋势正在从城市蔓延到全国。他还断言，"地方性领先品牌会越来越难做"。对于那些看到趋势、并认同左晖判断的中型中介企业而言，企业只有做大才能活下来，如若自己无法做大，不如抱团取暖。

当然，这一切都仅仅是策略，难的是执行。如何能将曾经的竞争对手变成"同一战壕里的兄弟"，顺利整合后并肩作战打下地盘？左晖以一口"锅"来阐述："中国那么多并购，成的少，不成的多，为什么？除了技术本身的一些原因，两口锅合成一口锅之后，对人的挑战太大了。这个锅只要足够大，那边是你的，这边是我的，都没什么矛盾。"换言之，并购能够顺利进行，根本原因还是因为左晖和其他的 CEO 们都对未来该行业的发展潜力有一个共同的认识，认为这个事情"值得一做"。

从独舟到舰队，左晖在推出贝壳之前做了充分的前期工作，那便是联合周围的船只先形成一起的联盟，在这个联盟里，自然有多年相识的情怀。但更重要的是，在复杂多变的区域性市场环境下，左晖能够找到彼此利益的平衡点，这也使得一个个合作战略顺利落地。在孕育贝壳的路上，链家版图进一步扩大。

注资德佑，攻进上海市场

2015 年 3 月，德佑地产和链家正式宣布全面合并。

双方合作之后，德佑和链家采取互相持股方式运营，两家企业合力打造新公司品牌"新链家"。上海分公司将沿用德佑原有的运营模式和管理团队，依旧以合伙人模式为运营管理核心。德佑地产总裁邵非表示："未来中国地产经纪行业会有一个互联网大平台，集成房屋管理、租赁、交易、金融、衍生服务等内容，大量房产交易将在这个平台上达成。德佑和链家合并后，将是中国最有可能完成这个地产经纪行业 O2O 大平台的公司。"

对于链家来说，要实现其提出的全国性扩张目标，最简单也是最直接的办法就是同业并购。从房地产市场的区域性形势来看，一线城市，尤其是在北京、上海的市场成交量受其规划发展影响下，需求相对还是旺盛的，这也是为什么尽管房地产黄金十年已过，但还不断有开发商或是强势中介进入上海的原因。因此，链家在选择并购企业名单时，早已考虑了自己的战略布局，所并企业的所在城市都是存量房市场份额已经超过新房市场的城市。换句话说，并购目标锁定在所有一线城市，以及几个重点的二线城市。

成立于 2002 年的德佑地产，十余年间一直致力于深耕上海市场。目前在上海拥有近 200 家门店、500 余分行，员工超过 5000 人，年度业绩达到 20 亿元。在上海二手房交易领域，其所占市场份额仅次于中原地产，排名当地第二位。此前，链家在上海仅有 20 家门店。在华北区域市场领先的链家，通过并购德佑地产，能够拿到大量现成的团队和各种资源，在以上海为龙头的华东市场，迅速扩大市场份额。

从德佑自身的情况看，德佑的企业机制比较灵活，往下放权比较大，采取合伙人制度，店长既是员工又是老板，品牌竞争力比较强。但同时，也正是因为采取了这样的发展模式，德佑近年来亏钱较多。除此之外，德佑地产在数据平台方面也较为落后。在外网方面，德佑地产一直处于弱势，不得不依靠搜房和安居客提供的互联网端口带来的流量来招揽客户。一方面链家需要做大规模和 O2O 数据平台，另一方德佑面临亏损且在互联网端口方面输在了起跑线上，如此一来二者的合作就成为水到渠成的事情。

在双方的合作表述中，链家地产称通过与德佑地产的战略合作，将以上海为中心的华东地区划入其万亿级 O2O 平台。德佑地产则称，将推出新品牌，布局全国市场，共同打造万亿级房产 O2O 大平台。不难看出，双方均将"打造万亿级房产 O2O 大平台"列为合作的重要内容。近两年，互联网思维、大数据以及 O2O 成为热门词汇，用互联网如何改造行业是各行各业都在探讨的话题，房地产中介行业也不例外。

左晖认为，链家与德佑的合并是一个对"伟大平台"的期许。邵非表示，虽然舍不得德佑这个品牌，但成大事者不拘小节。两个曾经水火不容的竞争对手，为什么会冰释前嫌坐在一起，除了共同的期许，背后还有一个更迫切的原因，那就是 58 同城即将收购房地产租售网站安居客的消息。当时的房地产行业正在受到互联网和 IT 技术的影响，安居客、搜房网等房产电商网站，58 同城、赶集网等服务平台以及爱屋及乌等纯线上交易平台的崛起对线下的实体中介带来了冲击，而 58 同城与安居客的联合似乎预示着线上信息提供平台向房屋交易平台转型的变革。

早在 2011 年，链家就已经搭建了自己的线上交易平台链家网，但由于当时与搜房、安居客等房地产垂直网站还处在"蜜月期"，链家主推自己网络平台的意愿并不强烈。如今，面对互联网的冲击，链家不得不加大投入打造自己的网络平台，链家网也全面升级成为链家在线，希望改变此前主要依靠其他平台网站倒流的被动局面。一方面通过并购同类中介企业做大市场规模，另一方面打造自主线上平台，进而谋求更多的 O2O 机会。链家与德佑联手后，分别主导线下实体以及线上电商的两大 O2O 巨头链家和 58 同城将由此展开对决。

事实证明，链家在后来的角逐中获得了令人瞩目的成果，而德佑的合并更为后来链家开启加盟业务埋下伏笔。2018 年，在合并德佑之后，度过了并购扩容的高速发展期的链家宣布正式启动加盟模式，利用此前收购的上海德佑地产作为新品牌，以此展开全国范围内的加盟业务扩张，并计划用三年时间布局全国 30 个城市，开店 5000 家。这是奉行直营策略长达十七年的链家，首次正式提出他们的加盟计划，主动向 B 端中介开放。加盟商未来在前端将以德佑的品牌为贴牌，后端则对接链家平台的全开放资源，链家将在加盟商的营业额中抽取一定比例的管理费，但不设置保底费用。一度沉寂的德佑在 2018 年的前 10 个月，旗下中介门店加盟数量已达 5000 家，这也是其走出北京市场的一次关键异地扩张。彼时，链家旗下的加盟品牌德佑，也成为贝壳扩张的有力推手。

在风风火火的全国大并购中，每个城市都有着自身数十年的行业区域背景，每个企业也与链家、与左晖有着独特的联系。上海德佑，作为多年与链家"相爱相杀"的兄弟品牌，最终在瞬息万变的行业挑战之下终于选择了和链家联合，一同面对外来势力的来势汹汹。此情此景，与未来贝壳的行业合作颇有相似之处。或许，从全国并购开始，一场来自传统中介行业的自我革新便已悄然开始。

进驻广州，再现"满堂红"

2015 年 9 月，满堂红和链家宣布合并。

双方合并后，广东省内满堂红的门店将统一启用"LIANJIA.链家"的全新品牌标识，共享链家线上平台资源，满堂红名字改为"满堂红链家"。链家则成立广州大区，涵盖广州、佛山、东莞、中山以及珠海地区。管理层方面，原满堂红集团副董事长陈戎，将担任链家广州大区董事长兼任满堂红（中国）置业董事长。"管理层没有变，基层的经纪团队也没有调整。"满堂红的一位中层管理人员透露。

虽然维持原先的运营状态，但满堂红链家的发展战略变得更进取。根据链家的计划，到 2016 年底，广州将达 500 间店铺，佛山、东莞、中山和珠海将店铺倍增。在链家看来，满堂红在业务模式上追求多元化发展，除了二手房租赁与交易、新房销售，还涉及写字楼租售、商铺租售、金融等业务板块，与链家房产 O2O 布局"住"的入口之想法十分契合。此次合并完成后，链家正式完成在国内四大一线城市[1]的布局。

眼下，链家不再把自己定位为中介公司而是互联网公司，显示了其目标所在。在广州二手房市场，中原地产、合富置业、满堂红的"三

---

[1]指北京、上海、广州、深圳。

足鼎立"格局已经维持了很多年，在门店数量、交易量等指标方面，三者相差不大，但这次链家强势介入无疑增加了满堂红这一边的天平砝码。"有了链家的注血，满堂红的份额肯定会有所扩张，本地房产中介与新介入者竞争会更加激烈。"此前搜房、爱屋吉屋的进入，打破了广州房地产中介市场原来的稳定状态，而"满堂红链家"横空出世，更是给市场格局带来巨大冲击。

从传统的中介行业视角来看，中原地产和链家的竞争似乎已经公开化。面对链家这一年多来的步步紧逼，中原集团主席黎明楷在去年底就表示，链家已经从假想敌变成了真正的敌人。中原集团也很强硬地表态"把他们从哪里来打到哪里去"。而对于这次链家进入广州，中原地产华南区总裁李耀智强调，对新对手的加入早已有所准备。

然而，实际上，左晖心里关注更多的并不是同行间的竞争。对于链家强势布兵华南重镇，其实引致了一些同行的激烈反应。左晖回应，链家没有假想敌，也不是把谁当成竞争者，公司所有的打法都不是竞争者的打法。他坦言："从我的角度思考，不会想这个对手怎样，而是这个游戏怎么玩、产业链生态怎么建设、价值怎样提供出来。"

除此之外，对于合作商的选择，除了地域市场上的考虑，左晖还有自己的一套标准。在选择并购企业名单时，链家有两条最重要的参考标准：一是，企业要跟链家的价值观、理念相同，这些被并购企业中，还有不少掌门人是左晖多年的朋友；二是，从企业的市场地位及效率出发，选在当地有一定优势的领先者。[1]早在 9 年前，满堂红就已经在广州业内打出网络经纪人概念，让经纪人在网上图文并茂推介房源，如今，满堂红官网中仍有网络经纪人频道。满堂红和链家合并后，链

<hr>

[1]关雪菁：《6 个月接入 95 城、1.7 万门店，贝壳是如何运营的》，虎嗅，2018-11-13，https://www.huxiu.com/article/271405.html。

家将带来网络经纪人升级版。由此可见，双方合并的意图也源于双方对链家万亿级 O2O 平台的信心。

2015 年是链家高调变革的一年，也是左晖高调回归的一年。这一年，链家地产宣布更名"链家"，去掉"地产"两个字，并称将加速万亿元级房地产 O2O 进程。对于此次更名去掉"地产"二字，左晖坦言，链家前后经历了几次更换 LOGO，此次去掉"地产"目的在于希望链家品牌外延更大，另外则希望加强平台化和互联网化。

自这一年起，链家每合并一家中介公司，左晖基本上都会写一封公开信。9 月 8 日，左晖写下第 9 封信，链家宣布合并满堂红置业。一笔接一笔的收购之后，左晖在公开信里描绘了一个"万亿级 O2O 平台"的图景，他不仅表现了对区域市场的看好，更彰显了在全国的"野心"：2014 年链家交易额为 2000 亿元，2015 年的指标是翻番达到 4000 亿元，2017 年交易额要到 1 万亿元，同时门店将由现在的 1800 家增加到 1 万家，经纪人数量将从 3 万人增加到 10 万人。届时，中国每出售 10 套房子，就有 1 套来自链家平台。

对左晖来说，"行业仍是百废待兴"，存在很多市场机会，也有太多问题亟待改进。左晖甚至认为，如果房地产行业处在一个相对较差的市场环境，或许是推动中介行业和产业进步的重要因素。"所有人的日子都没那么好过的时候，困难的局面其实能够推动整个行业的变革。我甚至喜欢比较低迷的市场，因为市场低迷的情况下我们可以沉下心来做很多事。"左晖说，中介行业在过去几年发生了一些变化，但变化并不快，真正改善消费者过程体验的变化并不多，"但总体而言，我觉得是利用变化更向客户靠拢。"面对未来的变革与竞争，左晖也公开表示，链家丝毫不敢把自己放在做得还不错的状态，仍然是颠覆者的思考维度。

面对纷繁复杂的市场情况，左晖选择了沉下心来做实事。在 2014

年的左晖有一段较长时间的"隐退"，当外界开始讨论链家是否要在互联网大潮中落后之时，左晖来了一个强势回归。正如并购后的左晖所言，"我们找到了一群志同道合者"。什么是志同道合者？最重要的自然是企业成长过程中的价值观相近。在并购过程中，链家选择了更加注重品质、注重创新的品牌进行合作。在这一个个的强强联合之下，一幅新的中介行业格局应运而生。

并购好望角，开启链家新征程

2015 年 9 月，链家宣布与大连好旺角房屋达成战略合作。

此次合并后，大连好旺角与大连链家保持独立运营，大连好旺角原 CEO 高军任链家集团高级副总裁，同时负责大连好旺角的日常管理，姜福波负责大连链家的日常管理，未来双方在新房与金融业务领域将充分合作，组织统一的团队，在二手经纪业务共同探索房客源共享机制。未来新开的门店会使用注入链家标识的好旺角品牌标识，其他城市好旺角房屋统一使用链家的品牌与标识。合并实施后，大连好旺角现有组织架构与组织绩效近期开始推行改革，未来大连好旺角与大连链家在基层经纪人层面的绩效会趋向一致。

通过合作，好旺角房屋的 IT 技术能力、互联网资源和线下的经纪人将对接链家的房产平台资源，完善链家自身发展中 O2O 平台定位住宅资产管理、交易服务和金融服务领域建设，好旺角房屋将成为链家在大连乃至东北地区的重要角色。从链家合并的走向来看，链家地产已经拿下全国房产最为核心的五大中心地区，并且在进一步扩张。在房产中介企业转型 O2O 探索已成新常态化，而互联网＋传统线下中介平台模式将成其主要选择方向。

好旺角房屋成立于 1999 年 3 月，历经十六载，已成为东北地区历史规模最大、管理最规范、交易最安全的专业化龙头企业。其业务覆盖新房代理销售、二手房买卖、房屋租赁、按揭金融等房产流通领域的全方位服务。在大连地区，好旺角房屋拥有近 200 家门店，市场占有率长期保持行业第一。链家与好旺角房屋合并，被业内人士形象地形容为"两家国内首屈一指的技术派企业最终走到了一起"。

值得一提的是，此前两家企业还有不少"前缘"合作。

时间跳转回到 2007 年，在清华总裁班上，左晖首次与大连好旺角房屋董事长高军结识。彼时高军在利用 IT 系统平台对二手房交易进行流程分解、过程管理方面颇有心得。而 IT 专业出身的左晖也对此非常感兴趣，双方惺惺相惜。

当时的好旺角房屋是行业中最早开始 IT 化、标准化、数据化实践的，不仅以管理科学和精细著称，也是行业标准的推动者，更是最早提出并持续进行市占率管理、真房源管理的企业，同时也是行业内较早推动买卖双方资金监管的企业之一。特别是 2015 年间，好旺角房屋在大连地区推动了房源统一规则报价、交易双方按服务各自承担费用等规则，尤其是推动交易双方税费各担更是开创国内先河，为行业良性健康发展做出巨大贡献。

随即，链家地产在大连成立分公司，并与好旺角展开深度合作。也是在这一年，链家引入 SE 系统。通过这个系统平台，链家的经纪人可以实现从房源录入、过程管理、成交撤单整个环节的操作。同时，公司会从后台对这些交易流程进行风险管控和监督。可惜的是，后来左晖与高军的合作发生了变化。系统开发过程中，在经纪人管控、角色设计环节，两人出现严重分歧。左晖认为应该让经纪人去适应这个系统，并弱化经纪人在系统中的作用；但高军则认为应该关注经纪人的使用体验，要令他们感受愉快。结果就是双方不欢而散。

但无论过程如何，链家的后台管理能力在 2008 年与好旺角房屋合作以后开始迅速提升。2005 年前后，链家曾有两次扩张，但当时的扩张不过是单纯规模和数量上的增加，而与大连好旺角的合作与 IT 系统平台的搭建，才是那段时间更加关键的转变。当时，由于链家本身在本地小有影响，在和好旺角合作过程中更有内部员工问左晖为什么要学好旺角，左晖回答："我相信一件事情，好望角从链家身上学到的东西一定不会比链家从好旺角学到的东西少。并不是因为链家优秀，而是因为好旺角优秀——一个优秀的人，从别人身上学到的东西不会比你学到的少。"[1]

与此同时，贝壳联合创始人兼执行董事，同时也是链家创业元老代表单一刚，也是从 2007 年开始加入链家并担任公司董事。实际上，在加入链家之前，单一刚就在房屋租赁领域声名远扬，他此前是大连好旺角房屋经纪有限公司的联合创始人，并自 1999 年 12 月至 2007 年 11 月担任好望角公司副总裁。可以说，这是一名有着二十多年房地产从业经验的老将，也正是因为左晖与高军的合作，让单一刚有机会接触到链家、接触到左晖。

在链家，单一刚一待就是 14 年。在此期间，单一刚主要为北京链家提供战略决策制定，这也为他之后创业奠定了坚实的决策基础。2018年，单一刚、左晖和彭永东共同创办了贝壳控股，目前单一刚还是公司的执行董事。在单一刚的带领下，贝壳找房先后和国内众多行业内人员建立了合作关系，后来贝壳找房的业务又转移到线上，还通过收购超过 20 家经纪公司、设立分支机构等方式扩大贝壳找房在全国的版图。

当然，几年前，与好旺角合作进入大连市场后，链家并未如市场预期的迅速走向全国扩张；几年后，链家重新启动大规模全国扩张计划，在许多同行们看来，链家这次是玩真的了。左晖强调，所有门店将由

---

[1] 李翔：《详谈左晖：难而正确的事》，新星出版社，2020 年 11 月。

企业自己持有经营，这才有了后续全国并购的故事。

相较于普通的并购与被并购的关系，链家和好旺角房屋，或者说左晖和高军之间有着更加深厚的联系。可以说，在入行之初，好旺角给链家带来了很多行业的启示，而面对新浪潮的来势汹汹，链家也给昔日的好友"拉了一把"。可见，尽管常见的同行是竞争对手，但是面对行业的变革，面对社会的发展，从长远角度看，同行更是并肩作战的战友。

第十章

纽约之钟，北京之声

　　创业二十年整，左晖驾着一艘并不太轻的舟，越过了万重山。终于，迎来阶段性的胜利。在北京瑰丽酒店敲完钟后的凌晨一点，左晖发了一个朋友圈说："今天只是昨天的投射，产业之路艰辛无比，一切只是开始。"

重整最初的梦想

左晖曾说，"每个人都有自己的梦想"，而左晖的梦想与链家紧密联系。

2001年链家成立，在公司成立之初的三年里，最重要的事情就是"安身立命"。从2004年开始，链家主要的任务是要"赢"，要超越竞争对手。伙伴们无比团结、无比拼搏，一次次的分区、裂变，在2007年链家做到了北京市场第一，并在这之后开启了一系列对于物、人、服务的标准化、线上化的改造，以及品质重塑。于是，链家在2010年启动了线上化、2011年推出了真房源、2012年发布了服务承诺。

链家的特点是会不断地自我反省，在发展过程中我们不断地问自己：这个城市乃至这个行业，有链家和没有链家到底有什么不同？左晖看到的是，行业依旧存在很大的改善空间、消费者的居住服务体验并不美好。如果行业整体不去发生一些改变的话，那么没有哪个品牌可以独善其身。在这个背景下，链家的使命发生了变化，从"怎么让自己变得更好"逐步到"怎么样让行业变得更好"，左晖更希望能够彻底改变消费者对行业的看法。

作为服务者，如果自身得不到尊重的话，也很难去尊重消费者。但要让服务者得到尊重，首先是服务者能够为消费者创造足够多的价值，换言之就是服务者需要值得被尊重。而这需要为好店长、好经纪人提供更多的科技、产品、服务、工具、数据，来帮助他们完成价值创造的过程；需要贝壳和品牌在一起，帮助门店和经纪人为消费者提供有品质、有效率、平等的服务，能够有合理的不错收入，能够一定程度上平衡自己的工作、时间和家庭，从而让消费者的体验是愉悦的。这件事，对这群人有特别大的驱动力，这就是左晖心目中的使命。正是这种使命感最终催生了"贝壳"的出现。最终，左晖将贝壳的使命确定为"有尊严的服务者，更美好的居住"，因为这是行业里最大的痛点。

在左晖心目中，贝壳的核心是要为这个世界创造出一些新的价值，为消费者创造真正好的价值。贝壳愿景是成为服务 2 亿家庭的品质居住平台。在这个过程中，以数字化手段重塑居住产业互联网，推动行业效率大幅提升，让消费者需求得到最大满足。他解释，很多事情归结起来，就是从使命、愿景里来的。

有人可能会问，这样的价值观是如何形成的？左晖曾分享过他的想法："价值观形成文字，在任何组织里，都是一个过程。今天的组织里，大多数人对一个团队形成的（共同）算力都忽视了。一个生意，大家真的都能算到骨子里，这是非常重要的。"对于左晖来说，价值观的文字需要不断地锤炼和优化，最终达到最能贴近你的目标。这件事是非常重要的，但这一定是少数人的事。公司里有几个人，每年都要坐下来讨论如何调整。比如，左晖原来写行业里的7个价值观，其中一个叫"科学管理"，最近左晖把它改成"技术驱动"，因为这是最贴切的表达方式。原来贝壳写的是"经纪人时代"，现在改成"经纪人主权"，表达更准确。

这是左晖的初心，也是链家、贝壳团队每个人的初心。可以说，"有尊严的服务者，更美好的居住"深深地流淌在链家、贝壳的血脉中。对此，左晖坦言，要实现它实际上非常难。本质上需要做两件事情：首先，需要去考核，不管用任何方式，财务或非财务的，但最终的核心是让组织内部的人能被这件事所激励，这是非常不容易的。其次，组织文化建设是一个放大器，它要能把正确的东西放大。左晖认为："商业本质是创造价值，真正优秀的商业体，往往就先意识到这些需求，率先做出来。"

在左晖看来，中国的消费者在基础的商品和服务的体验上，基础的商品、基础的服务和标准都是不够的。"中国应该有一批企业在这些领域里能够有所作为，起码让整个中国人的生活质量有一个基本的保障。"因此，左晖提出，"这代人就是应该做一些格调没有那么高的事情，因为我们欠账欠得太多了，永远在追那些烟花，但是后面的事情永远不会有人做，我们今天很多的基础工作真是太弱了。"对那些做实业，深耕线下的企业，左晖非常敬仰，他认为这是这个时代这些企业的一个宿命，这个国家、这个时代很需要这样的企业。

刚做链家的第一天，左晖把自己关到屋里写了两页纸，内容涉及服务、流程及管理。多年之后翻出来，自己觉得还是有道理。为什么？因为还没做到。"人走着走着，很容易忘了你为什么走着了。"每年，左晖都会找几个高管坐下来，拿出那张纸看一看，思考如何调整。也许，当时的左晖并没有意识到未来的他将会在居住领域走得这么远，但是，正是当时没有杂念、一心向前的初心，一直鼓励着左晖，鼓励着贝壳成为行业变革的推动者。

横平竖直，稳步前进

如果从大的时间轴总结贝壳的成长之路，其实是在 20 年走完两步：一是标准化，链家阶段基本完成"物"的标准化、"人"的职业化和"服务"的规范化改造；二是线上化，数据电子化、流程线上化。从空间的角度看，这也是从垂直纵深到横向推广的过程。在左晖看来："贝壳在居住领域做产业互联网的路径是竖着做深、再横着做平台，居住领域品类并不算多，但都很难很复杂，进入任何一个品类，都要先做垂直，从头到尾吃透，然后再用新技术把产业重新做一遍。"

2018 年的战略讨论会上，链家高管团队再一次模拟链家与友方的两军对垒，推演对手如何能干掉链家。据《财经》报道，链家高管团队总结出两种可能路径：一是对手发动线上力量攻打线下。另一种是对手在链家尚未布局的城市抢占先机，置链家于孤岛状态。

时不我待，窗口期短暂，机会稍纵即逝，贝壳找房必须马上有所行动，将线上流量与地面网络结合，把门店、经纪人、客户和行业同盟组成系统防线，才不会给对手以机会。为了贝壳，左晖抽调了百分之七八十的链家精兵强将，决心之大，令内外部都受到震动，也留给了业内"掏空链家"的话柄。"我们已经看清楚了平台化方向这条路，所以就把重兵押在了上面，"徐万刚说道，"我们内部叫 all in。"[1]

为此，贝壳派出两员大将负责率兵探路去各处进行合纵连横的，他们分别是贝壳南区 COO 张海明和北区 COO 徐万刚。张海明说："贝壳上线头一个月，我们主要是选拔、组织、抽调人选，分城市、划区域、组织培训这些，之后才把人撒下去跑城市。正儿八经开始接入门店联网，才不过 2 个月左右。"对于贝壳来说，"跑城市"这一环非常关键。"要想把一个城市做好，前提条件就是要读懂城市，就跟你谈恋爱之前要充分了解这个人是一样道理。当然我们有自己的系统，先跑盘，以前我们做楼盘字典，是把每套房放进系统里面。今天我们是跑整个城市，把所有中介门店的位置、门店叫什么名字和有多少家门店放到系统里面，全都放里面了。"

借由这套中介门店的数据库，贝壳进行有针对性的商务拓展。其中，主要方式有二：第一种是开说明会，在当地宣讲贝壳到底想干什么，怎么干，能给大家什么支持。说明会形式不拘大小，既有区域论坛，也有小范围同业沟通会，或者参观。第二种形式是拜访，拜访当地协会的会长、秘书长，在他们引荐之下，拜访当地老板，贝壳拿着物料和想法跟对方沟通做初步接触，接触一圈后，锁定那些比较有情怀、企业品质比较高且与贝壳价值观趋同的企业，再与这些老板做定期的沟通、交流。

好的成效加大了商务拓展的可能。以 2018 年 9 月为例，位于宁波的江源房产入驻贝壳平台，第二年江源房产交易规模同比增长 350%，店均业绩翻倍。在江源房产创始人、总经理傅斌看来，通过 ACN 规则，贝壳打破了门店、经纪人之间的信息孤岛，实现了不同门店和经纪人的

---

[1]关雪菁：《6 个月接入 95 城、1.7 万门店，贝壳是如何运营的？》，虎嗅，2018-11-13，https://www.huxiu.com/article/271405.html。

协同与合作，改变以往恶性竞争的模式，从而带动供需两方的高效匹配。如此，贝壳终于形成纵横的结盟。

"未来 5 年，我们会 all in 在居住垂类的产业互联网发展上，关键词是品质、信用、数据电子化、重构角色和线上线下流程、产业 ACN 基础协议、角色的再造与协同。"2018 年 11 月 12 日，链家 17 周年时，左晖在朋友圈写道。

短短两年，贝壳的成长速度可谓惊人。数据显示，2020 年上半年，贝壳连接 265 家品牌连锁经纪公司，这些品牌在 103 座城市拥有 4.2 万家门店，经纪人总数超过 45.6 万。其 2017 年、2018 年、2019 年，营业收入分别为 255 亿元、286 亿元与 460 亿元。2019 年，贝壳 GTV（平台交易总额）达到 21280 亿元，单以此项论，超过京东、美团等互联网平台，在国内仅次于阿里巴巴。2019 年之前加入贝壳平台且运营时间超过 1 年的全部品牌门店，同店 GTV 成交总额在 1 年之后平均实现一倍以上增长。目前在贝壳平台，平均每 10 单交易有 7 单是跨店成交；1 单交易最多由 13 个经纪人协作完成；最远一笔跨城交易相距 3000 公里；每个经纪人平均每年服务 16 个家庭。

当然，如此快的成长速度背后是多年形成的完备核心竞争力。在贝壳模式中，最核心的、最难的是其所谓的"双网双核"。双网是线上的数字化解决方案与以门店、社区为中心的线下触点，前者包括楼盘字典、房源验真系统、流程与服务标准化体系、经纪人获客及作业的 SaaS 系统等一整套系统；双核则是 ACN（经纪人合作网络）释放的网络效应和平台效应。双核，一是 ACN 的网络效应，提升效率；二是随着数据、交易流程和服务质量的进一步数字化和标准化，重建价值链产生平台效应，最终搭载多元业务成长。这是贝壳的核心竞争力。

2019 月 11 日，链家在北京召开内部战略会，宣布贝壳、德佑、链家管理团队合并，不再划分南北贝壳和德佑的后台，三条职能线合并。

左晖在分业经营绩效未及预期后，要动手术降低三条线并行的运营成本、提升效率，重新集中力量打造贝壳。从分拆到重新整合，左晖仍将以贝壳找房为主体进行资本市场运作，目标是尽快实现海外上市。

在横平竖直的战略布局下，贝壳正在稳步前进。这一切，也都在左晖的掌握之中。此刻，左晖心中的蓝图已经展现在众人的面前，实现"有尊严的服务，更美好的居住"，指日可待。

疫情——成功路上的插曲

2020 年，突如其来的新冠疫情打乱了每个人的心理节奏。

自 2020 年 7 月下旬正式向美国证监会提交 IPO 文件以来，贝壳的上市征途即将走到终点，8 月 8 日，贝壳找房向美国证券交易委员会提交了更新后的招股书，招股书数据展现出贝壳的亏损危机。招股书显示，2017 年至 2019 年，贝壳找房三年间净亏损分别为 5.38 亿元、4.28 亿元、21.8 亿元。2020 年上半年，受疫情影响，贝壳找房亏损仍未改观，2020 年一季度贝壳找房净亏损 12.31 亿元，亏损额度已超 2019 全年亏损总额的一半，三年多的时间里累计亏损约 43.77 亿元。

在招股书中，贝壳找房对此解释称，三年连续亏损主要是由高额的佣金拆分以及内部佣金和补偿形成的收入成本造成，主要是向协助完成交易的其他机构及渠道支付的佣金，以及向中介及销售人员支付的交易提成。内部的佣金和补偿是公司最主要的营业成本。数据显示，2017 年至 2019 年，该公司内部佣金及补偿金额分别为 156.63 亿元、157.68 亿元和 194.44 亿元，占总营业成本的比例分别为 75.53%、72.4% 和 55.96%，保持增长态势。

招股书的风险提示部分还称："预计将来会继续产生大量成本和支出以进一步拓展我们的业务，这可能使我们更加难以实现盈利，而且我们无法预测我们是否在短期内盈利，甚至或根本无法实现盈利"。

与此同时，随着中美贸易摩擦不断升级，时任美国总统特朗普要求，赴美上市企业必须遵守美国会计要求，否则退市。根据新的计划，尚未上市但计划在美国进行首次公开募股（IPO）的中国公司，在纽约证券交易所（下称纽交所）或纳斯达克交易所（下称"纳斯达克"）上市前必须遵守相关规定；已在纽交所或纳斯达克上市的中国公司必须在 2022 年之前选择遵守美国的规定或放弃交易。如果遵守，中国的审计师必须和美国的监管部门共享相关文件。该项举措对希望海外上市的中国公司来说无疑是沉重打击。

国内外新冠疫情尚未完全结束，同时中美关系又日益紧张，中概股回归港股成为主流。在外界看来，如此环境下，选择美国上市并不是一个好时机。对此，左晖在致股东的公开信中写道："我们没有拖延自己的 IPO 进程，而是按照计划向前推进，此举也反映了我们关注内生因素、试图尽量减少外部影响的企业信念。我们相信，公司的基本价值，而不是外部环境，是企业 IPO 成功的关键因素。"

实际上，在全民宅家的疫情初期，许多行业出现了从未想过的变化，很明显的例子就是房地产行业。受疫情影响，2020 年 1 月 25 日起全国近 60 城线下售楼处和中介机构被叫停，全国楼市瞬间停摆，如果情况持续必将波及"金三银四"。也因此，房地产行业也因消费者需求变化而开启了新的变革之路。

于是，贝壳"一鸣惊人"推出了 VR 售楼部。疫情当下，购房者的需求变化让看房模式从传统的线下看房转移至线上，因此也让 VR 看房成为赢家，贝壳则通过 VR 技术抓住了行业的革新机遇，利用 VR 售楼部开启新房线上销售的新模式。其实这个模式早在 2018 年就已经成为贝壳的革新储备，并且在二手房市场已经逐渐广泛应用，只是并未普遍性的使用在新房市场罢了。毕竟对于新房市场来讲，奢华的售楼部和漂亮的样板间，更能让购房者真实感受到住宅的品质和楼盘的特性，从而促成交易，线上模式并不是一个必选项。但新冠肺炎疫情的突如其来让宅家成为日常，关于购房的一切都发生了变化，也促使了 VR 售楼部成为线上销售的必需品。为什么说它是线上销售的必需品，一部分原因在于贝壳的 VR 售楼部能做到别人所不能的。

对比传统的线下看房来讲，随着楼盘远郊化趋势愈发明显，买房人外出看一次楼盘需要耗费大量精力，而 VR 售楼部不仅节省了人力、物力和财力，也让购房者一次性能看到更多楼盘，从而更好对比、决策，让看房和刷淘宝一样简单。此外，贝壳能够做到线上签约的全流程闭环，线上即可完成认筹和认购，对比其他线上销售模式来讲做到了独一份，并且通过 7 天无理由退房和服务者信用评分增强购房的信任感和体验感。

对于贝壳团队来说，成立这两年时间中贝壳入驻国内一百多个城市，与之合作的品牌超过 250 个，至少拥有 4 万家经纪门店，目前已经为 37 万经纪人提供服务。贝壳找房初生牛犊，就有着不小的"野心"，设立了连接百万服务者、服务 3 亿家庭的目标，为客户提供房子买卖、租赁、装修、社区服务等全方位的业务。贝壳找房 CEO 彭永东表示，贝壳找房要经历一个先慢后快，先难后易的过程。实际上，贝壳找房虽然资历尚浅，但近年来也备受资本市场的青睐。2020 年 3 月，贝壳完成 D 轮融资，获得融资金额 24 亿美元，新增软银愿景基金、腾讯控股、红杉资本、高瓴资本等金融大咖的加持，贝壳的估值达到 140 亿美元。

2020 年上半年，贝壳平台成交总额（GTV）达成了 1.33 万亿元，相比上年同期增长 49.4%；营业收入 272.6 亿元，同期增长 39.6%。此次赴美上市，贝壳 IPO 计划募资 10 亿美元，将用于研发以及平台功能与基础设施技术、服务产品等进一步扩展，打造更多样化的服务平台。贝壳上市能否乘风破浪，让我们拭目以待。

北京的钟声，响彻世界！

2021年8月3日，贝壳找房将在纽交所顺利敲钟。

左晖擅长深度思考，注重逻辑，谈话中少见形容词，别人眼中的波澜壮阔，在他看来往往不过是水到渠成。创业18年后，他终于要叩响资本市场的大门，还是在疫情与中概股都存在高度不确定性的背景下，但对他而言，这就像普通的一天。

敲钟仪式刚开始，左晖显得特别平静，他说："我坦率地说，对这个上市我自己一直没有找到什么兴奋点，我感觉是被周围人给烘托起来了，天天很多人在那儿祝贺你，好像觉得这是一个挺好、挺大的事。"在演讲中，他甚至反复重复说："我自己觉得上市这件事情和我们的愿景、目标是不是足够的接近好像没有什么关系。"他从头至尾都保持着站立状态，背着手站着看台上的分享与互动。左晖笑言："我有时候都挺不好意思，对于上市，你们根本想象不到我有多轻松。"

现场不少投资者或机构方凑上来跟他握手、道贺，他基本上寒暄一下了事。但当被邀请的贝壳平台服务者代表、员工代表、生态合作伙伴代表、投资方代表、贝壳找房高管团队代表一起敲钟的时候，以及随后纷纷与左晖握手、拥抱的时候，左晖似乎有了一些兴奋。

截至2020年6月30日，贝壳平台已进驻全国103个城市，连接了265个新经纪品牌的45.6万经纪人和4.2万家经纪门店。2020年8月13日，左晖团队推出的贝壳找房在美国纽交所上市，成为中国居住服务平台第一股。开盘当天，贝壳找房开盘价为 35.06 美元，较发行价 20 美元上涨 75%，最终收报于 37.44 美元，涨幅 87.2%，上市首日总市值达到 422.13 亿美元。这个市值远远超过了碧桂园和融创，距离万科，也就一个涨停的距离。位列当时在美上市的第七大中国互联网公司。[1]

"希望所有贝壳的小伙伴们永远记住产业的艰难，永远记住我们是如何走过来的，我们是如何做难而正确的事情，创造了一个又一个价值才走到今天的，也永远能够记住，要永远地相信自己。虽然我们每个人都很渺小，但如果我们在一起的话，能够创造巨大的价值，可动山林。"在贝壳敲钟仪式上，左晖说。

在贝壳上市敲钟仪式致辞环节，左晖说得最多的是"感谢"，在短短的一段话中，他说了 21 遍。其中，左晖着重感谢了投资人。"当链家还很小的时候，我也不知道他们为什么？他们看中了什么，我自己……到今天都搞不清楚。"话及此处，左晖说话断断续续，语气中稍带硬咽，"无论如何，我想感谢这些一路以来陪我们走过的人。我们小小地庆祝一下，好吧？"

"好！"时间接近晚上 9 点，敲钟现场再次沸腾起来，左晖难掩激动："我们为自己鼓鼓掌，让我们彼此去表达没有表达出来的感谢，让我们彼此去拥抱久违的兄弟，让满腔的壮志充满我们的身体！"如无意外，这是左晖在公开场合笑得最多的一次。外界眼中的左晖极度理性、不苟言笑、甚少显露情感波动，终于露出温情的一面。

从草莽市场中冲出重围，从链家蜕变到贝壳，再到贝壳集团筹划上市，闯入资本市场，新世界的大门正在打开。敲钟现场有人感慨"太不容易"，也有人说"左总哭了"。在场贝壳高管和受邀经纪人们，

---

[1] 石富元：《专访左晖：我们永远不会让自己特别舒服》虎嗅，2020-08-14，https://baijiahao.baidu.com/s?id=1674958308663492403&wfr=spider&for=pc。

全都戴着金色的闪闪发光的"BEKE"——上市纪念铭牌。敲钟完成后，经纪人列队站在一起，等待上台合影，气氛开始庄重，那一时刻，现场仿佛经历着一场朝圣。

上市以后，贝壳找房的市值不断飙涨。截至 8 月 31 日，总市值达到 578.3 亿美元。在所有中国在美上市的公司中，贝壳仅排在阿里、京东、拼多多、网易之后，而高于百度、好未来等。

红杉中国合伙人刘星称："贝壳的上市非常具有里程碑意义。贝壳是第一家做到了把依赖重度服务的复杂交易数字化重构了的公司，而且更厉害的是还成功实现了平台化。贝壳的成功不仅仅是科技赋能的最佳实践，更是左晖常说'做难而正确的事'的价值观的胜利。这种价值观的践行需要长期主义的信仰、执行的毅力和韧性。贝壳的 ACN 网络是一个即使在全球范围内都非常具有领先性的创新，ACN 的实现充分应用了移动互联网、大数据、VR 等先进的技术工具，而其底层逻辑是对生产关系的重构和优化，是对服务者专业化的推动和引领。"

实际上，左晖在与招股书同步发布的《致股东的一封信》中表示，坚持长期主义价值观不断倒逼贝壳的组织成长——贝壳将会对消费者做出大量承诺并付出巨大努力，会不断进入产业新的领域并选择"又脏又累"，而一旦成功就有巨大机会的方向。从招股书里，我们可以感受到贝壳身上的科技感、思维的理性化，也能体会到贝壳人内心的人文关怀。贝壳强调让服务者有尊严、受尊重，致力于提升服务业从业人员的职业素养和专业能力，这种努力对于推动我国经济发展中的服务类消费经济的结构性转型至关重要。

创业二十年整，左晖驾着一艘并不太轻的舟，越过了万重山。终于，迎来阶段性的胜利。在北京瑰丽酒店敲完钟后的凌晨一点，左晖发了一个朋友圈说："今天只是昨天的投射，产业之路艰辛无比，一切只是开始。"

第十一章

永远的名誉董事长

　　左晖诊断出罹患肺癌，之后经过治疗得到初步控制。当时他和朋友说，希望能再活 3 年到孩子 6 岁，那样孩子就能记住他。如果中国二手房产市场有记忆，也一定会记得，这个和它一起从草莽时代披荆斩棘而来的人。

后知后觉的 2014

回过头来我们才发现，2014 年无论是对于左晖还是链家，都是一个重大转折点。

2014 年，还在负责链家在线的彭永东就注册了一个叫"贝壳"的新项目，打算做一个中介行业的开放平台，后来因为条件不成熟，这个项目暂时搁置了，但这个想法一直在打磨。直到 2018 年，贝壳横空出世，这一切竟然与 2014 年构想的如此相似。左晖曾说："我们觉得自己是一个相对比较慢的公司，长期在一个领域里，在战略上也不是很快。但是这种方式比较适合我们，在基础服务产品的提供过程当中，慢慢来的做法，会让产品的品质更有保障。"

自 2014 年起，链家的战略风格发生的巨大转变。这其中当然左晖有在漫长行业经验与思考的积累，有与 IBM 专业管理咨询人员交流的心得，有在互联网浪潮中把握未来趋势的洞察。然而，令人惋惜的是，在左晖的人生中，这一年还有另一个重大的转折——2013 年 9 月，左晖被诊断出肺癌。

2013 年以后，左晖曾一度"隐退"，实际上他一直在接受肺癌的化疗和细胞治疗。或许是因为经历了生死，或许是在这个过程中对生活、对社会有了更深入的思考与理解，2015 年左晖高调复出，相对谨慎保守的他从此放手一搏，在整体的战略上有了更大的转向与扩张。高和资本董事长苏鑫撰文回忆道："老左'失踪'了近一年时间，再见到他，不仅感受到其眼神更加坚定，对市场、对社会的认知也达到了极高的'段位'。他说，'如果没做成能接受，做成了就是赚的'。"

很多人会不解，以链家在2013年的成就，如果左晖从此休养生息，将事业交给战友，或许他的生命还能够有更长的时间。然而，当时的左晖却还有更多的想法尚未实现，他做出了另一个选择。原我爱我家集团控股公司副总裁胡景晖曾感慨："贝壳的市值，印证了房地产经纪行业人20年前的一个预判：终有一天房地产交易服务商的价值会超过房地产开发商。但话说回来，如果2015年老左不复出，把公司卖掉，退出江湖，也许活到七八十岁都不是问题。但左晖一直在做，贝壳的上市，标志着他想做的事情基本上完成了。他选择了用生命为代价去实现他的理想，由此可能付出的代价就是自己的身体。"

从2013年9月起的一年多时间，"思考者"左晖究竟在想些什么，他的想法有了哪些具体的转变？现在，我们无从得知。但是，能够感受到的是，面对生命的威胁、面对可能的离别，当左晖褪下事业成功所带来的光环与名利，当他以一个平凡的父亲、丈夫、自己的身份面对疾病考验之时，他的心中仍有着那一份对于社会、对于行业的情怀与渴望。当我们带着这一份后知后觉的领悟去重新回顾左晖在2015年复出后的行动与言语，或许才会发现这一切背后的重量。

2015年，对于备受外界关注的上市计划，左晖表示，我们融资的核心诉求是希望找比较长的钱："你是不是急于去资本市场，关键看你对未来商业是怎么理解的。我们在一段时间里面还是会对商业基础设施有比较大的投入，一种非公众组织的投入方式更理想。这些得到了股东会和董事会很强的支持。"

2016年，有人问左晖："在如此多角色中，哪个角色消耗了你更多？"左晖回答："每个人都应该承担自己的角色，我还能起到很大作用，工作做得好坏，我还没有来得及总结。总的来说，我这两年在整个公司的角色更偏后一些，主要是在战略与文化方面多一些。"

2019 年，在接受中国房地产报记者专访时有人问左晖："你的梦想是什么？希望人们以什么方式记住你？"左晖说："为社会创造新的价值很吸引我。不要幻想能够青史留名，这个时代不存在那么多机会，这个国家也不需要永远追逐烟花的公司。我们这代人有责任做一些基础性的工作，去做烟花幕后的那些事，去做脏活、累活。新一代企业，要为填补这个时代的空缺，为真正创造价值而奋斗。"

2020 年，左晖在链家 19 周年大会上讲："不做贝壳，我们一样能很好地成长，甚至赚更多的钱。那为什么还要做贝壳呢？我们希望因为有我们的存在，让国家和这个行业变得有些不一样。"他也曾说："我觉得人有时候要考虑一下这个问题。总之，你不来看球，应该没有什么关系。如果你来看球，也许有那么百万分之一的因素变化吧。"左晖带着微笑，依旧淡定。

左晖诊断出罹患肺癌，之后经过治疗得到初步控制。当时他和朋友说，希望能再活 3 年到孩子 6 岁，那样孩子就能记住他。如果中国二手房产市场有记忆，也一定会记得，这个和它一起从草莽时代披荆斩棘而来的人。

左晖，江湖再见！

2021 年 5 月 20 日，贝壳找房发布讣告称，贝壳创始人、董事长左晖因病于 2021 年 5 月 20 日去世。

讣告写道："今天万分难过，贝壳创始人、董事长左晖因病离开了我们。贝壳失去了一位奠定我们事业和使命的创始者，居住产业失去了一位始终在探索和创新的引领者。从链家到贝壳，极其有幸和左晖一起共事，一起奋斗拼搏，一起推动行业进步的我们，失去了一位亲密的伙伴和智慧的师长。左晖曾经讲过：我们这个时代企业经营者的宿命，就是要去干烟花背后的真正提升基础服务品质的苦活、累活。左晖的精神永远激励我们，坚持做难而正确的事！"

的确，对于很多人而言，左晖的离去是那么突然。这位坚定、冷静、勇敢的战士，曾经给很多人的生活带来了改变。

"于我而言，左晖先生更是一位令人尊敬的开创者。他穷极一生的事业，是对传统的、沉重的、又苦又累的行业，进行大刀阔斧地改造和组织升级，让房地产中介这份职业获得了不曾有过的体面和尊重。"华兴资本 CEO 包凡写道，"老左，一路走好，来世再聚。"

高瓴创投发文表达对左晖的怀念于"从我们认识第一天，老左就是那样的温和、宽厚，很多人甚至说他不够较劲，不像个创业者。但你会慢慢发现，他是那种少有的、真正怀着一腔孤勇的人。怀念老左。怀念我们曾有幸与这样一位勇敢而智慧的朋友同行的日子。怀念这位不畏艰难的理想主义者。人生天地间，忽如远行客。我们痛悼老左的离去，也将坚持他的精神，去做那些难而正确的事，去令这个世界更好。"

贝壳CEO彭永东发文悼念左晖："我们极其有幸和老左一起开创事业，一起奋斗拼搏，一起改变行业。他是如此坚定、如此的胸怀远大、如此地热爱这个行业。老左的精神永远激励我们，矢志不渝地坚持长期主义，团结一心为新居住产业发展做难而正确的事。"

曾将左晖视为最大竞争对手的中原地产创始人施永青评价，左晖是一个值得敬佩的人，他推动了行业的进步。"我相信他做这些不是为了赚钱，而是对社会、对行业做贡献，他是一个有理想的人。他的人生虽短，但是很有作为，人要立功立言立德，他做到了。"

作为曾经商场上的竞争对手，而今自己创业的胡景晖做出了这样的评论："两次长谈中，我觉得他完全权衡过，也做出了选择，他走得应该是没有遗憾的。生命于我们每个人只有一次，要么短暂而精彩，要么漫长而平淡，当二者不可得兼的时候，老左显然选择了前者。"

21世纪不动产中国区总裁兼CEO卢航发文说："老左一生勤奋进取，与其说是为自己，不如说是为团队、为行业辛劳一生。老友一路走好……"

新希望集团董事长刘永好称："我与左晖相识多年，上月初我们还微信交流，犹记得去年他带我看链家门店和长租公寓，听他讲对行业未来发展的思考和对新商业模式的探索。他的严谨、谦逊、富有远见和理想主义让我非常佩服，感觉就像在昨天。"

"我敬重的一位老弟走了，他所留下的不仅是商业成就，更是他的善良与厚重，相信他已融入永恒。"天泰集团创始人王若雄写道。

当我们重温左晖的话语，字里行间我们会发现，冷峻理性的他内心也有温情的一面。

2020年，左晖接受访谈时曾说："我今天很珍惜跟我们家两个宝贝相处的时间。有时候我会给我家老大说，她今年12岁，读初二，我说要是你高中就给你送出国的话，你跟你爸爸、妈妈和弟弟相处的时间就非常短了，一家人在一块共享成长的时间是非常短的。我家老大比较聪明，经常设计欺负弟弟，我说你不能这样，你弟弟对你多好啊，你和你弟弟在一起相处的时间其实没有那么多的。"

在 2021 年 4 月 23 日发的最后一条朋友圈里，左晖写道："希望大家问问自己：你还记得你当初许下的梦想吗？你每天在做的事是在无限接近它吗？"

春林是 2011 年加入链家的员工。他记得，左晖离世后，很多老同事们都在转左晖参照马丁·路德·金 "I have a dream" 的演讲视频。那是 2011 年 7 月 19 日，左晖在北京农展馆面对链家全体门店经理发表的讲话：

> I have a dream，希望有一天，普通的中国人，能够轻松而愉悦地从链家买到一套二手房……I have a dream，希望有一天全链家的经纪人，能够得到应有的尊严和尊重……I have a dream，希望有一天，我那两个还在吃奶的孩子长大成人，能够指着他父亲所服务的绿色店面而骄傲自豪……这些梦想没有那么伟大，我们只是生在一个伟大的国家，从事一个伟大的行业。我总在想，这些事情如果链家不做，谁又能做呢？

不管是处在争议旋涡，还是鲜花拥簇，左晖不是一个容易迷失的人。他曾说过："过去两年，很多企业，尤其是中介行业都在分析评论链家，我从不回应，因为他们的评价对我来说并不重要，我不是一个狂妄的人，但他们并不懂我们。"

生于 1971 年的左晖，刚刚进入天命之年。过去，他经常追问，我们存在的意义和价值是什么？如今，左晖已去，但他留给贝壳、经纪服务行业乃至中国商业世界的价值将永远留存。

用公益，诠释追求

很多人不知道，左晖还一直默默做着另一件更"接地气儿"的事情——坚持做公益，而且一做就是 11 年。

左晖作为链家公益基金会荣誉理事长，早在发展初期，就开始关注公益领域。多年持续以个人和企业名义捐赠，涉及教育、赈灾、扶贫等多领域，并代言公益项目。自 2006 年建立第一所爱心小学，至今已经捐建了 8 所爱心小学，覆盖甘肃、内蒙古、安徽、陕西、湖北、山东、云南等 7 省，并建立了 135 所爱心图书馆。同时为边远山区的孩子建立电脑教室，开展"链·未来成长计划"，对学校里家庭贫困、成绩优秀的小学生提供资金资助等。

在左晖的带领下，链家依托企业多年扎根城市社区的优势，早在 2014 年就启动了"链家在身边"社区志愿公益项目，为社区居民提供便捷、贴心的志愿服务，致力于做居民的"社区好邻居"。2015 年，链家公益网络平台启用，志愿活动及捐赠都线上呈现，传递链家公益正能量。2016 年 3 月，邀请戏剧人岳云鹏参与链家公益活动，和员工志愿者一起走进河北远山，为贫困地区儿童送去数百本爱心图书和学习用品。公益从来都不是一股脑的热情，而是通过持之以恒的耐心、解决问题的决心和共同努力的初心，构建美好社会。而落脚到链家身上，公益的目标就变得更加清晰——建设美好社区，让居住更具品质。

此外，链家在社区里的公益服务与活动更是多样。如每年 200 场

178 I 正道艰难：新居住时代的进化逻辑与制胜心法

免费的房地产金融法律知识讲座、高考期间开设"高考休息站"等等。2017年9月，链家还成立了"志愿服务队"，加入"志愿北京"平台，规范化的便民服务体系。高考期间，链家在全国几乎所有的门店同时展开了"高考休息站"，考生和家长都可以在链家门店享受乘凉休憩、便民饮水、应急充电、免费上网等众多服务。在日常便民服务方面，链家为社区居民免费提供应急打印复印、应急雨具、爱心图书捐赠点、便民饮水、应急电话、应急上网、应急充电、询路指引等服务，社区居民可到任意链家门店寻求帮助。

贝壳成立之后，左晖以"新居住"为切入点，发挥自身互联网居住平台优势，助力贫困地区产业脱贫。并通过开展特色公益项目，关爱弱势群体，为构建美好社会贡献自己的力量。举例来说，2018年10月，贝壳找房与佛坪县人民政府签订了扶贫项目战略合作协议，对佛坪县西岔河镇银厂沟村李家院子4户闲置民居进行整体规划设计和升级改造。2019年8月，根据整体施工的情况，将原来整修改造4栋品质民宿的计划扩充为改造升级7栋民居，形成品质民宿集群样板。投资额从300万追加到650万，居住服务设施从客房延伸到度假综合配套。以具有示范意义的现代化高端民宿，带动佛坪旅游经济发展，实现产业脱贫。

面对媒体的大肆报道，左晖只说了一句："企业活下来了，就该为社会多做些事。"并表示，未来还将继续挖掘链家商业模式与社会利益的契合点，发挥链家店面、人员、互联网、供应链等资源与能力，把公益项目做得更精准更好，为社会解决切实的问题，提升企业内外部品牌，实现可持续发展。

链家集团副总裁贾生平回忆左晖的公益理念时表示，左晖对公益事业的关注是链家发起公益互动的原始推动力。让她印象深刻的是，左晖一次在给北京经纪人培训时讲到经纪人的七种力量，其中之一就是社会责任心。链家员工能够积极参与推进公益活动，很大程度上源于公司不断地树立社会责任的意识和理念。"其实很多公益活动并不是集团由上至下发起的，片区的经纪人也会自主发起，自下而上推动。"贾生平称。
与一些企业通过公益进行外部传播不同，链家的公益活动在很大程度
上关注内部文化建设。从项目的设计实施上，首先考虑的是让志愿者
参与其中，而不是简单地捐钱捐物。"很多事情必须要坚持才会有价值。
小事情做久了，坚持下来了，它的价值也就呈现出来了。"

　　在左晖心里，"链家不仅承担着一个企业的责任，更承担着
千千万万家的责任"。链家副总裁贾生平表示，公益已成为链家人的一
种习惯，希望在社区里面能够更好地承担起社会责任，做社区的好邻居，
做有温度的链家人。同时，链家也希望能够利用在社区里面的资源和
优势，带动各界社会力量一起参与到扶贫项目当中。

　　"远方的人、远方的事都与我有关"，左晖用实际行动诠释着这
句话。地产界最低调的 KOL[1]，出现在公开场合的左晖，总是平静如
水、不苟言笑。

　　他曾自我评价称："一直以来，我的频率比较低，没有特别兴奋，
也没有特别低落的时候。"即便是 2016 年上海消保事件中、链家深陷
理房通涉嫌资金池的负面危机时，也是如此。彼时，左晖陷入了自己
创业 20 年里少有的舆论旋涡。一位参加了沟通会的媒体人回忆，当时
左晖出来"救火"，开场让大家畅所欲言提问题，表示要让问到每个
人没有疑虑为止，"他的每个回答都很诚恳，不打太极不甩锅，这场
媒体会超过 3 个小时，他一再主动延时"。

　　"旁观者"曾经是左晖对自己在贝壳、链家、自如的定位。一直以来，
越来越多的人知道了狂飙突进的链家、快速崛起的贝壳，如果放大时
间跨度来看，这两家公司对于行业的贡献远远大于质疑。但提到两家
公司的创始人左晖，很多人却不甚了解，因为他很少在互联网抛头露面，

---

[1] 关键意见领袖（Key Opinion Leader，简称 KOL）。

行事相当低调，他曾说"你要做一个事情，要做好久才能做出点样子来，我们上回说的事，我们正在干，等我干完再说"。

左晖为人低调，勤于思考。他身边的同事都习惯于听到他不断向自己、向团队抛出各种"局外人"视角的提问。比如，当年链家地产首次离开北京进入天津市场时，左晖提出的问题是"天津需要我们吗？"他很早就认识到地产中介这门生意的两个核心命题：一是要用职业尊严来建立从业者安全感，二是所有的互联网工具都是要解决线下服务的问题。在左晖心目中，自己一直在企业的边缘，从外面看这个企业，有时候觉得这公司好像和自己没什么太大的关系，所以左晖一直以一个旁观者的身份反问自己，也反问企业，从最初的"这个社会需要链家吗"到"谁会干掉链家"，再到后来的"怎么样让行业变得更好"。贝壳上市后，左晖以身价1374.5亿元位列《2020年福布斯中国400富豪榜》第15位，甚至高于众多地产开发商。

除了常挂在嘴边的"做难而正确的事情"，左晖在公众和媒体面前非常谦虚。在上市时他曾经表示，自己对上市没什么兴奋点，感觉还是被周围的气氛给烘托起来的，上市的贝壳只"完成了从0到1，算是活下来"了。低调的左晖也低调地登上了地产业富豪榜前列。他在贝壳、自如、愿景等公司都没有办公室，但他与彭永东、熊林见面频繁，交谈内容涉及公司大的战略和组织的调整等。不过，左晖也强调，自己"不是拍板，可能我会更有经验，给出建议"。

在生命的最后几年，左晖已经鲜少露面，在贝壳的宣传中，左晖更多的是将自己隐身在幕后。左晖在贝壳成立三周年的一个月前，发布了题为《相信价值观的力量、相信相信的力量！》的文章，这时的他依然在反问："你还记得你当初许下的梦想吗？你每天在做的事是在无限接近它吗？是离你的梦想是越来越远了还是越来越近了？"这也许最能代表他最后的心境。

第十二章
后左晖时代的贝壳

　　"超越式革新"能够很好地形容贝壳一直以来的战略布局。所谓超越式革新，即用前瞻性的思维、技术、网络化、合理的价值链分配等等，重构以往的产业模式。贝壳（含前身链家）就是一以贯之，十几年如一日地先纵再横、不断超越自己、迭代更新地做了一件事——中国房地产基础数据库，它天然地具备提供行业基础设施的服务思维。"为一个服务水平较低的粗放行业建立基础设施的意义，本身就是超越时代变迁、短周期影响的，具有全行业思维、社会思维、公共治理思维。"一位资深商业观察人士评价说，因此，贝壳也必须克服自我局限性，不断地开放、升级、创新。

　　带着左晖的精神遗产，贝壳必将乘风破浪，再创辉煌！

贝壳股价大震动！

在左晖意外去世的同一天，据贝壳找房披露的今年一季度财报，截至 3 月 31 日，贝壳找房门店数量达到 48717 家，经纪人总数超过 50 万，净利润则为 57 亿元，同比涨幅达到 245%。单从这些数字上看，或许已经完成左晖最初的目标。而对于这位操盘手的离去，资本市场同样给予了"错愕"般的反应——去世消息公布不久后，贝壳美股盘前一度跌超 12%。在"后左晖时代"，一切都蒙上了变数。

就在 5 月 13 日，新财富发布的"2021 新财富 500 富人榜"上，左晖以 2220 亿的身价晋升地产新首富。可叹生命太无常。如日中天的事业，刚刚开启的征途，未酬的壮志，以及未了的心愿，原本都等着左晖这位既具备开创精神也有着巨大野心和的开创者去继续勇攀高峰。但终局未至就突然倒下，实在令人叹息。

创始人的突然辞世，令贝壳股价在 5 月 20 日美股开盘之初一度跳水，较前一交易日收盘价格跌幅超过 8%。随着左晖时代的结束，贝壳进入了一个新的发展局面。左晖去世后半年，是贝壳股价最黑暗的时刻。从半年前最高七、八十美元的股价下跌至现在仅有 16 美元的股价，累计最大跌幅近 80%，贝壳总市值也跌至 191 亿美元左右。

短短半年时间，贝壳却出现了价格大跌的走势，到底是前期估值太高还是整个企业的投资逻辑或估值体系已经发生了巨变呢？实际上，除了左晖的去世，股价的变动也有市场挑战的因素。作为中概股的贝壳，2020 年以来自然容易受到年内中概股非理性下跌行情的冲击影响。不仅仅是贝壳，而且对腾讯、美团、京东、拼多多等知名企业，也深受市值缩水的压力。除了内外部政策环境变化的因素外，近年来住房不炒政策定调的持续升级，结合房产中介行业洗牌节奏的持续加快，这也引发了贝壳股价的非理性大跌。

祸不单行的是，去年 12 月中旬，知名做空浑水公司（Muddy Waters Research）发布了一份针对贝壳的做空报告，浑水表示："这是一个巨大的骗局，就像瑞幸咖啡一样。"浑水估计，贝壳去年第二季度和第三季度的收入数据被夸大 77% 至 96%，新房总交易额 (GTV) 被夸大 126%，存量房交易额被夸大 33%。随后，贝壳回应称，贝壳确保财报数据的真实性和规范性，浑水因为不了解中国房产市场，缺乏对贝壳业务的基本认知和报表的正确解读。继 12 月之后，贝壳 1 月 28 日发布"独立审计委员会针对浑水做空内审报告"再度回应，贝壳表示，根据内部调查，审计委员会得出结论，浑水报告中的相关指控没有事实依据。

面对内外环境下的各种挑战，从种种迹象表明，贝壳正在开始谋求新的生存之道。贝壳董事长兼 CEO 彭永东表示："2021 年公司面对的内外部环境相继发生变化，贝壳选择迎难而上、在变化中变革。2021年底，贝壳发布'一体两翼'战略升级，'一体'即二手房和新房交易服务赛道，'两翼'分别为整装大家居事业群与普惠居住事业群。"彭永东所提到的"整装大家居事业群与普惠居住事业群"，正是贝壳"困境求生"的两个新"抓手"。

早已安排好的一切

2013 年 9 月初，左晖知道自己生了病，最后诊断为肺癌。几个月后，挚友陶红兵曾问他："如果出现意外，下一步有什么安排？"左晖想了半晌："我没想链家的事，将来它会怎样，是团队的造化。他们愿意按这个方向把它做好，那最好；如果不愿意，我也改变不了。我的家人也不会参与公司运营。我唯一想能不能争取三年时间。最小的孩子三岁，孩子六岁以后才能记住父母的样子。他们能记住我，是我唯一的愿望。"

命运又给了左晖八年时间。在这八年里，他完成了链家的全国并购，搭建贝壳找房平台，并完成上市。2021 年 5 月 20 日，在他去世当天，贝壳找房（BEKE.NASDAQ）市值超过 600 亿美元，约合 3800 亿人民币。

实际上，左晖早已将事业交给其信任的人。从多年前，左晖就开始谋划链家、贝壳、自如的未来。2014 年，在内部交流时，左晖明确告诉公司管理团队，自如以后是熊林和团队的事了，他会放手。2018 年 5 月，左晖召开内部战略会议，对链家集团进行了一轮人事调整，将大批资源向贝壳找房聚集。2019 年 1 月，左晖启动了人事任命，宣布取消大中华南区、大中华北区、代理事业部后，相应领导职位也发生了变化，原大中华北区 COO 徐万刚担任贝壳找房 COO，统筹贝壳城市运营管理等。2020 年 1 月，贝壳找房又启动新一轮人事调整，COO 线下辖更多区域总向贝壳找房 COO 徐万刚汇报。如今，在贝壳找房阵营里的，正是以单一刚、彭永东、徐万刚等为首的职业经理人团队。

左晖对自己有清醒的定位。"因为你要设立什么管理委员会、协调委员会，本质都是以我为中心。但如果我没那么大价值，我不会去干这事。"

2021年4月23日，在贝壳三周年之际前一个月，左晖写了一封名为《相信价值观的力量、相信相信的力量！》的信。在信中，他表示："作为服务者，如果自身得不到尊重的话，也很难去尊重消费者。但要让服务者得到尊重，首先是服务者能够为消费者创造足够多的价值，换言之就是你需要值得被尊重。这件事，对我们这群人有特别大的驱动力，这就是我们的使命！所以，我们将贝壳的使命确定为'有尊严的服务者，更美好的居住'，因为这是行业里最大的痛点！"

如今，这个给房地产经纪行业带来重大变革的企业家，带着尊严和荣耀，永远地离开了。

彭永东续写行业神话

对于彭永东而言，除了继续推动贝壳沿着"一体两翼"战略转型外，如何填补左晖离开后，公司因创始人离世而造成的文化断层，弥合潜在裂隙、凝聚团队精神，将是他能否真正接过左晖衣钵的关键。

公司内部把左晖称作朴实无华的"老左"，而对彭永东的称呼，则是一个字母——"S"（他的英文名叫 Stanley）。赵晓磊认为，彭永东给人一种职业经理人的感觉。"他会把公司管理得很好，但这种'好'是财务报表上的'好'；他似乎并没有特别关注员工有没有变得更好。"

但在其他员工眼中，彭永东对于一线员工同样关照有加。早在2008 年，贝壳的前身链家就成立了员工互助金，为经纪人及其家庭提供疾病和意外补充保障；2020 年底升级为"格林互助"，救助额上限从 20 万元调至 200 万元。为了支撑这一计划，左晖、彭永东及管理层、老员工等承诺捐赠近 2000 万股公司股票，彼时价值约 28.7 亿元。其中，左晖捐出 1800 万股，彭永东捐出 90 万股。左晖后来在公司年会上表示："S 捐了一大笔钱，我觉得他有点冲动。但是不管怎么样，我觉得非常棒、非常棒。"

在贝壳工作的孙培楠曾讲过这样一个故事：某年夏天，贝壳北京总部一名基层员工的家人患病急需手术，却找不到床位。该员工发朋友圈求助，被彭永东恰巧看到，后者第一时间帮忙协调，当晚安排医院，第二天一早手术，最终转危为安。"这件事让我这个旁观者觉得，S 正在变得越来越像老左，他确实很理性，但是正变得越来越有温度。"孙培楠说："老左也是会做这种事的人，没有架子，与员工会有不一样的情感链接。"

作为左晖亲自选定和培养的接班人，彭永东的业务能力绝对不差。过去十多年间，贝壳完成互联网化转型，彭永东更是居功阙伟。一位贝壳内部人士认为，彭永东来到贝壳后，已经打了三场硬仗：第一场是 2014 至 2015 年，做了链家网"干掉"链家，完成互联网化和数字化；第二场是 2017 至 2018 年，带领链家和链家网从直营走向开放，并推动贝壳上线，彼时左晖已经退居幕后。第三场硬仗是包括在香港双重上市，跑通产业互联网平台模式，尤其是在"一体两翼"框架下，在房产交易之外找到第二增长曲线。

彭永东和贝壳的渊源可以追溯到 2008 年。当时，链家在亚洲金融危机时选择逆势扩张，并拿出当年大概一年的利润，找 IBM 做战略咨询。2010 年，在左晖的盛情邀请之下，彭永东加入链家。随后几年里，彭永东打了互联网化、平台化、品牌升级等多场硬仗，逐渐成为左晖最信赖的人。

实际上，回顾过去贝壳找房、链家的发展历程，如果说左晖奠定了企业的价值观和结构框架，那彭永东就更像是公司的智慧大脑和控制力中枢。2020 年赴美上市前后，左晖对媒体表示："我们的生意基本上百分之八九十以上是取决于我们团队，取决于 Stanley 他这个 CEO 带领的团队。"左晖甚至说，自己与彭永东基本上不分彼此，要"让彭永东尽快知道这是他自己的事业"。在投票权和左晖背书的双重加持下，彭永东能够完全把握贝壳的战略方向和人事安排，公司内部的各路诸侯纷纷俯首。

左晖去世后的一年里，国内房地产行业陷入萎靡，新房和二手房交易不振，贝壳业绩承受巨大压力，下半年营收下滑，全年由盈转亏，净亏损超 5 亿元人民币。为了打破危局，彭永东在 2021 年 11 月提出"一体两翼"战略，其中"一体"指的是核心的新房和二手房交易服务，"两翼"则包含了家装和普惠居住（主要是长租公寓）两块新业务。

左晖在世时曾说："S 这个人很有价值，到十年之后大家才发现他的价值。"如今，"老左"的余晖仍然笼罩贝壳，这对于彭永东而言既是机会，也是挑战。

美好，与贝壳同在！

2021 年，走过中国房产经纪二十年后，贝壳找房开始翻越第二座高山。

过去，链家与贝壳的实践主要聚焦房地产交易，如今行业正从规模发展向效率与品质驱动转变，未来居住行业品质服务溢价开始凸显。由此，这家"让居住更美好"的新居住服务商，正式迎来了属于自己的"一体两翼"新时代。

贝壳"一体两翼"的战略，顺应的是时代趋势和市场需求。今年 9 月份，贝壳研究院联合空白研究院发布的《超越交易：迎接品质服务的美好时代》报告数据显示，全球主要发达国家房地产业占 GDP 比重一般为 10% 至 12%，这其中住房投资比重仅为 5% 左右，另外还包含了更广泛的居住服务。而我国目前房地产业占 GDP 比重为 7%，主要是房地产投资，由此可见居住服务业的发展空间巨大。上述报告对"美好居住"的内涵进行了概括，包括：有品质的居住空间、高便利性的配套设施、有质量的社区居住服务、有温度的邻里关系，以及更有尊严的服务者。

彭永东认为，随着供需平衡和房价长期相对稳定，未来会出现三个转变，即市场的重心会由"房"转向"人"，由"交易"转向"服务"，消费者的需求由'买到房'转向"住得好"。他的计划是，贝壳将通过建立品质正循环、技术驱动创新、中性市场观，坚持对行业基础设施进行改造、提升效率和消费者体验，创造长期价值。

2022 年 7 月，贝壳找房宣布与圣都家装达成协议，收购华东区域知名装企圣都家装 100% 的股权，总对价不超过人民币 80 亿元，并根据包括监管批准在内的惯例交割条件，分阶段推进收购安排。与房地产经纪一样，家装也是一个口碑不佳、用户体验亟待改善的领域。它是一个以人力为驱动的服务型行业，同时伴有难以标准化、线上化、职业化的特性，不管从哪个角度来看，都具有"欲速则不达"的特点。目前家装行业普遍面临设计、交付的品质难题。

然而，坚信"难而正确"的贝壳，长期以来对家装领域保持浓厚兴趣且耐心十足。2019 年，贝壳以被窝这一全新的子品牌开始了在家装领域的探索。它看重的是家装难背后的机会。中国大居住领域内，装修是少数万亿级行业之一。中国家装行业目前市场规模达到 3.54 万亿元，2015 年到 2020 年复合增长率为 11.1%。按目前的增长速度，机构预计到 2025 年我国家装行业整体将达到 6 万亿元。与此同时，房产的使用年限一般为五十年，大部分家居建材产品的使用年限为 8 至 10 年，因此每套房至少翻新四次，这将带来每年约 500 万套的翻新装修市场。中国建筑装饰协会名誉会长马挺贵曾总结说，装修行业是一个"资源永续、业态常青的行业"。对贝壳而言，进入家装市场的优势在于，它在存量房市场沉淀的品质、效率提振思路，完全可以迁移、复用到家装赛道，以再次践行其产业互联网"重做一遍"的方法论。

目前的业务进展也验证了贝壳的眼光。今年上半年，贝壳就在持续投入产品研发，不断增强家装业务的标准化、流程化和线上化水平。第二季度，贝壳自营被窝家装在北京完成单量同比增长 10 倍以上，HomeSaaS 系统实现销售（CRM）、BIM 设计、交付、供应链、中台管理等五大模块落地。今年三季度，贝壳自营的被窝家装和圣都家装的业务均稳步推进。被窝家装三季度在北京竣工 1127 单，环比提升

35%。面向服务者，被窝家装推出行业首个全服务者职业学习基地——精工学堂，致力于为家装全产业链输出专业人才。面向消费者，被窝家装推出"十心实意"服务承诺，完善保障体系，降低消费者风险。圣都在一至九月份实现累计合同收入同比增长超过 35%。贝壳与圣都在人才招聘、交付中台、供应链能力上开始互相融合学习。

作为"住"领域的领先企业，贝壳无论是在资产层、产品配置层、运营服务层、科技层等等，均具备一定能力帮助推进"租购并举"政策。彭永东说，将来要让租赁成为一种生活方式，普惠城市的新青年、新市民、老旧社区。

"超越式革新"能够很好地形容贝壳一直以来的战略布局。所谓超越式革新，即用前瞻性的思维、技术、网络化、合理的价值链分配等等，重构以往的产业模式。贝壳（含前身链家）就是一以贯之，十几年如一日地先纵再横、不断超越自己、迭代更新地做了一件事——全中国房地产基础数据库，它天然地具备提供行业基础设施的服务思维。"为一个服务水平较低的粗放行业建立基础设施的意义，本身就是超越时代变迁、短周期影响的，具有全行业思维、社会思维、公共治理思维。"一位资深商业观察人士评价说，因此，贝壳也必须克服自我局限性，不断地开放、升级、创新。

带着左晖的精神遗产，贝壳必将乘风破浪，再创辉煌！

名 言 录

◎做难而正确的事。

◎你还记得当初许下的梦想吗？你每天在做的事是在无限接近它吗？

◎我不认为战斗力是亮出獠牙，真正的战斗力是发自内心的，从自我生长出来的。

◎做生意不仅是要挣钱，更是为了身心愉悦。明明可以站直了去挣钱，为什么非要坑蒙拐骗去做？

◎真正强的团队都是能做到以下三件事情的——承认先进、学习先进和赶超先进。

◎没有达成共识时，可以把事情放一放。

◎正确的思路应该是"客户想要什么、我怎么满足客户的需求、做到的标准是什么、做不到怎么办？"

◎一个组织最好的方向就是抽象和具象的东西都在里面，理性和感性都应该去做。

◎我作为公司，能站到行业的角度；我是一个行业，能站在国家的角度；我是一个国家，能站在全球的角度。

◎长期主义还要求资金比较充足，不要让自己处在一个很难受的状态，这种情况下你会更踏实地把心放下来，不断创造更长远的价值。

◎只要你提供了价值，盈利是早晚的事情。

◎商业最主要的就是你会被一种画面感激励。在做这个事情之前，你心里会有一种画面感，这种画面感如果能够实现的话，你觉得你自己会得到非常大的满足，非常大的激励。

◎经纪人应该是企业的核心资产，但现实却是易耗品，就像毛巾一样，拧干一条再换一条。

◎保证组织内彼此之间保持最大的静摩擦力，这是组织里最好的状态。

◎没有争论的战略应该不是一个好的战略，如果没有争论的战略一定是你做晚了。

◎商业本质是创造价值，真正优秀的商业体，往往就先意识到这些需求，率先做出来。

大 事 记

1971 年	左晖出生于陕西省渭南市临渭区的一个军区大院。
1992 年	21 岁的左晖从北京化工学院毕业。
1992 年	左晖来到一家外资软件公司当客服。
1995 年	左晖创办了保险公司。
2000 年	左晖撤出了保险代理市场，成立了北京链家房地产展览展示中心，决定以面向个人的交易服务为切入点，与《北京晚报》合作，在军事博物馆举办首届"个人购房房展会"。
2001 年	链家第一家门店北京甜水园正式开业。
2003 年	链家与建设银行合作，率先推出"百易安——二手房交易资金托管业务"，购房者只需交数百元托管费，资金就可交由银行托管。

2004 年	链家成为业内第一家提出"不吃差价"的经纪品牌。
2005 年	链家在政策收紧的情况下，逆势扩张；左晖在清华大学参加总裁班课程。
2007 年	链家与八大银行召开新闻发布会，首次公布二手房交易资金监管账号。
2008 年	链家正式开启房屋普查项目，建立楼盘字典；链家开始向 IBM 咨询。
2011 年	链家率先启动了"真房源计划"，承诺为消费者提供"真实存在、真实委托、真实价格、真实信息"的房源，上线全流程验真系统，推出五重保障、四大安心服务承诺；链家开始单独注册且独立运营自己的网站，"链家在线 Homelink"。
2013 年	链家推出"四大安心服务承诺"。
2014 年	"链家在线"正式更名为"链家网"；链家理财上线，推出"家多宝"系列短期理财产品。
2015 年	自如从链家拆分，成为链家体系中专注资产管理业务的子公司；上海德佑、广州满堂红、大连好旺角和链家正式宣布全面合并；万科和链家强强联手，成立家装品牌"万链"。

2016 年　　　链家 B 轮融资由华兴资本领投，共融资 64 亿元。

2017 年　　　链家首次发布地产大数据产品 Real Data。

2018 年　　　贝壳找房 APP 上线；链家推出"30124"的客诉响应承诺。

2019 年　　　左晖以"被窝"子品牌开始重新进入家装领域；21 世纪不动产正式加入贝壳，成为当时进驻规模最大的中介品牌商。

2020 年　　　链家推出家居服务平台"被窝家装"，此后业务持续增长。

2021 年　　　贝壳找房将在纽交所顺利敲钟；5 月 20 日，贝壳找房发布讣告称，贝壳创始人、董事长左晖因病于 2021 年 5 月 20 日去世。

2022 年　　　疫情期间，链家通过发起经纪人募捐、门店提供社区便民服务、保障租赁业务稳定、积极参与志愿活动等方式齐心抗疫，履行社会责任与政治担当。

2023 年　　　链家从试点城市开始进行中介费改革，下调相应费率；通过提供公益社区服务，打造更深度的客户情感粘性。

参考文献

1.李翔.详谈左晖：难而正确的事［M］.新星出版社，2021-11.

2.白利倩.贝壳上市，左晖做了什么［J］.理财，2020(10):32-34.

3.迟玉德.左晖：将中介生意的店面做到和沙县小吃一样多［J］.时代邮刊，2017(08):50-51.

4.迟玉德.左晖：小中介的大生意［J］.商业观察，2017(Z1):42-46.

5.郭朝飞.从链家到贝壳，左晖19年的隐秘战事[J].互联网经济，2020(08):68-73.

6.郭儒逸，冯超.左晖其人［J］.财富生活，2021(13):44-47.

7.黄晨霞，贾海峰.链家："逆常识者"勇进［N］.21世纪经济报道，2007-10-29(027).

8.李艳艳，左晖.左晖：贝壳不期望抢谁的蛋糕［J］.中国企业家，2019(10):73-76.

9.李艳艳."冷面"左晖：热血时刻"干掉自己"［J］.中国企业家，2019(12):46-49.

10.李艳艳.左晖：一场漫长的告别和早有准备的"放手"［J］.

中国企业家，2021-05-21.

11. 李艳艳. 左晖的遗产 [J]. 中国企业家，2021(06):29-36.

12. 李艳艳. 左晖夺"命门" [J]. 中国企业家，2019(11):16-29+6.

13. 李艳艳. 左晖干掉链家 [J]. 中国企业家，2019(01):30-35+7.

14. 李艳艳. 左晖会掏空链家吗 [J]. 中国企业家，2018(13):100.

15. 唐强. 链家一线经纪人眼中的左晖 [N]. 证券时报，2021-05-21(A05).

16. 万建民. 对左晖的评价为什么会两极分化 [J]. 中国企业家，2021(06):1.

17. 王彩霞. 左晖:不走弯路的行动派 [J]. 名人传记(财富人物)，2013(06):35-37.

18. 王环环. 左晖: 做难而正确的事 [J]. 记者观察，2021(19):62-65.

19. 吴晓波. 任何一场创业，都如同读一部悬疑推理小说 [J]. 中国商人，2020(10):16.

20. 吴晓波. 做"难而正确"的事情 [J]. 财富生活，2020(17):16.

21. 谢思聿. 骄傲的左晖 [J]. 中国企业家，2013(10):128.

22. 佚名. 左晖:标准化扩张 [N]. 人民政协报，2005-02-18.

23. 佚名. 链家系合并管理团队"All in"贝壳 [J]. 中国经济周刊，2019(02):9.

24. 佚名. 左晖:居住领域的破局者 [J]. 中国商人，2020(09):14-15.

25. 俞敏洪. 生命的脆弱和伟大 [J]. 中关村，2021(05):103.

26. 张宣. 链家恋家赢家:访北京链家房地产经纪公司总经理左晖 [J]. 经纪人，2004(11):24-25.

27. 张一鸣. 左晖：站在圈外的房产经纪人［N］. 中国经济时报，2010-01-28(011).

28. 财新网. 专访左晖［EB/OL］.(2021-03-26)［2022-10-10］. https://xueqiu.com/2596429199/175544662.

29. 高瓴资本. 左晖："不被理解"也许是正确的［EB/OL］.(2021-05-21)［2022-10-10］. https://baijiahao.baidu.com/s?id=17002651657543532418&wfr=spider&for=pc.

30. 石富元. 专访左晖：我们永远不让自己特别舒服［EB/OL］.(2020-08-14)［2022-10-10］. https://baijiahao.baidu.com/s?id=1674958308663492403&wfr=spider&for=pc.

31. 刘诗洋. 专访左晖：我又不是演员［EB/OL］.(2017-04-16)［2022-10-10］. https://www.jiemian.com/article/1275773.html.

32. 人民网. 链家集团董事长左晖做客2017中国发展高层论坛人民网访谈间［EB/OL］.(2017-03-21)［2022-10-10］. http://tv.people.com.cn/n1/2017/0321/c150722-29158341.html.

33. 郭亦菲. 专访左晖：链家会更多整合上下游机构，楼盘数据全开放［EB/OL］.(2018-03-26)［2022-10-10］. https://finance.qq.com/a/20180326/015464.htm.

34. 郭亦菲.《财约你》［EB/OL］.(2019-01)［2022-10-10］. https://new.qq.com/omn/20210520/20210520A09DZX00.html.

35. 央视财经频道.《遇见大咖》［EB/OL］.(2020-04)［2022-10-10］.https://tv.cctv.com/2021/04/03/VIDEvDw2ZqCeYYZ54EPBUd3W210403.shtml.

36. 一勺言魔法袋. 改善行业供应链［EB/OL］.(2020-03-23)［2022-10-10］. http://k.sina.com.cn/article_6518875398_1848e250601900ndq8.html.

37. 李红梅. 左晖的变与不变［EB/OL］.(2019-09-25)［2022-10-

10］. https://www.sohu.com/a/343367608_175523.

38.周丽．专访左晖｜当我们谈论存量房和租赁市场时，我们在谈论什么［EB/OL］.(2017-03-19)［2022-10-10］. http://www.cb.com.cn/index/show/gs/cv/cv12520108158/p/s.html.

39.潘宇凌．左晖：我们的效率远高于对手［EB/OL］.(2019-10-17)［2022-10-10］. https://baijiahao.baidu.com/s?id=1647632502181912796&wfr=spider&for=pc.

后 记

随着传播技术的迅猛发展，一轮新的媒介变革蓄势待发，人与人之间的连接方式正在重塑。在这瞬息万变的时代，服务行业从业者要如何坚守价值初心，拥抱技术潮流？

作为我国居住服务领域的破局者，左晖带领链家坚守"品质至上"的初心，借助技术力量引领整个行业实现平台化创新。在这风云变幻之际，我们不妨回顾左晖和链家一路乘风破浪、逆势成长的故事。

这本书以左晖先生的个人成长经历，以及链家的二十年发展为主线，记述了他与链家、贝壳命运交织的发展历程。如书中所引资料或数据有不当或错漏之处，恳请广大读者给予纠错指正，以使本书臻于完善。